図解 間取りの処方箋

＋暮らしから考える住宅設計・改修のポイント

堀野和人・小山幸子 著
日本建築協会 企画

学芸出版社

はじめに

　週末に向けて、新聞に折り込まれるチラシといえば、家電量販店、ショッピングモール、スーパーマーケット等と並んで多いのが不動産関係のチラシでしょう。その多くは休日を利用してモデルハウスや土地を見学に行く人に向けたもので、住宅展示場のイベント情報もあれば、ハウスメーカーや地場の工務店、ビルダーの建売物件や売り土地の情報、不動産屋さんが取り扱う中古、賃貸物件の情報など、掲載されている内容も多岐にわたります。

　例えば、建築条件付き $100m^2$（30.2坪）の参考プランが掲載されているチラシの間取りに対して、購入する必要や予定がないのに、このリビングは狭い、子供部屋は4.5畳もあればよい、2階にトイレはいらないなどと突っ込みを入れている人が多く存在することをご存知でしょうか？

　掲載されている土地情報は面積と方位程度で、用途地域（建蔽率、容積率）の記載もなければ、接している道路幅員、土地の高低差、周辺環境の情報もなく、何より想定している家族構成も書かれていません。

　そのような間取りをチェックしても、自分の理想に合うはずもなく、空しいだけですが、お客様の意向をくむ必要もなく、自由にプランニングできるはずのモデルハウスで、なぜこんな間取りになる？と首をひねる例の多いことがわかります。

　本書ではそんな間取りに対して、「間取り女子」が問題点をあぶり出して、「設計課長」が処方箋を発行するという手法で改善した間取りを39例ご紹介しています。間取りを全て変更するのでなく、極力外形を変えずに部分的な変更に留めることで、新築住宅の設計者だけでなく、リフォームの設計にもお役立ていただける内容になっています。また、本書は2017年に私が執筆した、『図解住まいの寸法　暮らしから考える設計のポイント』の実践編としてもお使いいただける内容で、「住まいの寸法」をより深く理解できるようになっています。合わせてご活用いただけると幸いです。

堀野和人

Contents

はじめに　3
登場人物　8

01 玄関・ホール、階段 ……………………………… 9

- CASE 1　靴の海を渡ってあがる玄関　10
- CASE 2　転落や扉との衝突など危険性の高い階段　14
- CASE 3　頭上に気を使う階段下のトイレ　18

▶ チラシの間取り 10 ポイントチェック①
「ゆったりとした玄関とリビングが心地よい家」　22

02 トイレ、洗面、浴室 ……………………………… 23

- CASE 1　玄関入ればトイレ扉がお出迎え　24
- CASE 2　2 階にトイレがない家　28
- CASE 3　リビング扉と向かい合ったトイレ　32
- CASE 4　高齢者等に配慮の乏しいサニタリー空間　36
- CASE 5　暗くて湿っぽくちらかりやすい洗面室　40
- CASE 6　入浴後に視線が気になる「リビング階段」　44

▶ チラシの間取り 10 ポイントチェック②
「LDK ＋ガレージ 2 台の南東向きの明るい家」　48

03 和室 ……49

- CASE 1　知らないでは済まされない和室造作のしきたり　50
- CASE 2　布団を出し入れしにくい押入れ　54
- CASE 3　してはいけない畳の敷き方　58
- CASE 4　リビングと一体で使えない和室　62
- CASE 5　床の間からトイレの音が聞こえる　66

▶ チラシの間取り10ポイントチェック③
「スムーズにつながる家事導線とゆとりの和室プラン」　70

04 L・D・K ……71

- CASE 1　リビングドアを開けたら目の前にキッチン　72
- CASE 2　キッチンを通らないと風呂に行けない　76
- CASE 3　リビングから見通せるキッチンの勝手口　80
- CASE 4　4人掛けの食卓では家族以外は座れない　84
- CASE 5　人通りが多いリビングは落ち着かない　88
- CASE 6　玄関からトイレとキッチンを経由して入るリビング　92
- CASE 7　余計なものが見えて寛げないソファの配置　96
- CASE 8　南面でも日射しがない庭とリビング　100
- CASE 9　正方形のLDKは使いにくい　104
- CASE 10　エアコンやカーテンを照らすだけのダウンライト　108

▶ チラシの間取り10ポイントチェック④
「大型収納スペースを採用。子育てを楽しむ家」　112

05 寝室（主寝室、子供部屋） ……………………………………………… 113

- CASE 1　ダブルベッドしか置けない主寝室　114
- CASE 2　子供部屋と壁1枚で隣接する主寝室　118
- CASE 3　壁で仕切られた狭すぎる書斎　122
- CASE 4　分割すると収納に困る子供部屋　126
- CASE 5　ベッドが置けない子供部屋　130

　▶ チラシの間取り10ポイントチェック⑤
　　「ママにうれしいたっぷり収納ハウス」　134

06 納戸・ウォークインクローゼット ……… 135

- CASE 1　広さの割に収納できないWIC　136
- CASE 2　タンスを出し入れできない納戸　140

　▶ チラシの間取り10ポイントチェック⑥
　　「吹抜けリビングとウッドデッキで楽しい団らんを育む家」　144

07 バルコニー・エクステリア ………………………… 145

- CASE 1　1回分の洗濯物が干せないバルコニー　146
- CASE 2　道路から玄関がわかりにくい　150
- CASE 3　リビング掃出し窓の前がアプローチ　154
- CASE 4　助手席からしか乗り降りできない駐車スペース　158

　▶ チラシの間取り10ポイントチェック⑦
　　「主寝室が広い、子育てに便利な5LDKの家」　162

08 外観 ……………………………………………………………… 163

- **CASE 1** 単純で面白くない屋根、複雑で雨漏りする屋根　164
- **CASE 2** 下屋の止まりが中途半端でカッコ悪い　168
- **CASE 3** ひと工夫欲しい南接道の外観　172
- **CASE 4** エアコン配管が目立つファサード　176

　　▶チラシの間取り10ポイントチェック⑧
　　「収納充実で工夫いっぱいの家」　180

　　おわりに　181

登場人物

【間取り女子】

　新築や引越しの予定がすぐにあるわけではないけれど、新聞の折り込みチラシや不動産会社の店先に貼ってある間取りをついつい眺めて色々と妄想してしまう「間取り女子」。そんなことを重ねるうち、建築士顔負けの知識とアイデアを身につけて、今や間取りを的確に解説し、時には厳しいツッコミを入れるまでになった。

● ユキコ

　パートタイマーで自営業者の夫と子供2人の4人家族。現在3LDKの賃貸マンションに住んでいるが、子供も大きくなってきたので、戸建住宅への住み替えを検討している。

● サワコ

　専業主婦で会社員の夫と子供3人の5人家族。結婚を機に中古住宅を購入したが、設備の老朽化も目立ちはじめ、リフォームするか建て替えるかを検討している。

【設計課長】

　ハウスメーカーの設計部門に勤務すること約30年。今まで手掛けた家は数百件という間取りづくりのプロフェッショナル。スタッフでもなく部長でもない、実務に最も精通した「設計課長」が悩み多き間取りの症状を的確に診断し、処方箋を発行する。

01

玄関・ホール、階段

CASE 1
靴の海を渡ってあがる玄関

コンパクトな企画プランのチラシだけれど、どちらの間取りも玄関が狭くて使いにくそう。

「コンパクトだけれども収納充実。スタイリッシュな四角いデザイナーズハウス」って書いてある。

「収納充実」ね。両方とも土間収納があるのは嬉しいけれど、横に長くて使いにくそう。

どちらもホールから使える下駄箱がないから、それでなくても狭い玄関が靴だらけになるよ。

それに、間取りAは玄関前の窪みの幅が狭いね、この幅だと傘を差したり仕舞ったりできない。窪みをなくして庇にすればいいのに。

間取りBは上框を斜めに設置して玄関、ホールを広く使おうとしているけど、かえって狭くなっている気がする。

いろいろと問題が多そうね。知人宅では玄関にあふれている靴を踏まないと家に上がれないの…そうはなりたくないわ。コンパクトな家だからといって、収納が疎かな家には住みたくない。

❌ 間取り A

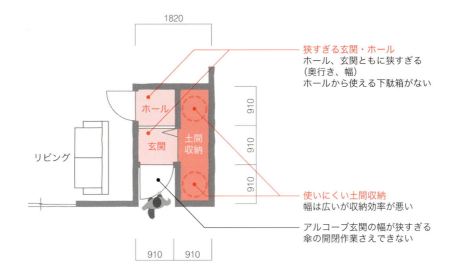

狭すぎる玄関・ホール
ホール、玄関ともに狭すぎる
（奥行き、幅）
ホールから使える下駄箱がない

使いにくい土間収納
幅は広いが収納効率が悪い

アルコーブ玄関の幅が狭すぎる
傘の開閉作業さえできない

❌ 間取り B

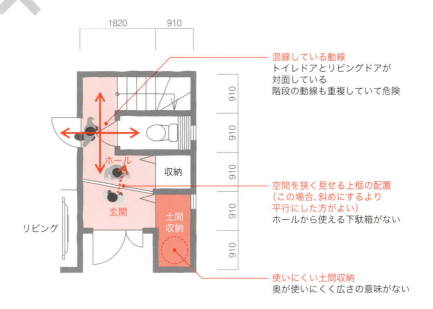

混線している動線
トイレドアとリビングドアが
対面している
階段の動線も重複していて危険

空間を狭く見せる上框の配置
（この場合、斜めにするより
平行にした方がよい）
ホールから使える下駄箱がない

使いにくい土間収納
奥が使いにくく広さの意味がない

01 玄関・ホール、階段

設計課長の診察室

土間収納より、省スペースで効率的な下駄箱を設置する

　コンパクトな家だからといって、玄関に必要な機能までコンパクトでよいということはありません。間取りAでは広い土間収納がポイントですが、奥行が狭く横長の収納は奥の物の出し入れが困難です。玄関・ホールに下駄箱を置くスペースがないため、玄関が靴で埋もれてしまうのが想像できます。また、玄関アルコーブの幅が玄関扉分だけでは、傘の開閉や、両手に買い物袋をもって通ることが困難です。外観へのこだわりか、コストダウンが目的なのかは不明ですが、このような設計をしてはいけません。間取りBでは上框を斜めに配置して、空間の効率利用を図っていますが、本来はリビング方向に斜めに配置すべきところです。却って狭く使いづらくなっています。ホールに収納があるのは嬉しいですが、土間収納の収納効率が悪く、下駄箱もないため収納力不足といえるでしょう。また、トイレドアとリビングドアの向き合った配置は、見栄えや安全上からも推奨できません。

　間取りAの処方箋では、玄関に必要な機能をバランスよく満たせるようにしました。土間収納を大幅に削減して、玄関をL字型にして奥行感を出し、ホールの間口も広げました。下駄箱を設置して、アルコーブも傘の開閉等に支障のない幅にしました。間取りBの処方箋では、アルコーブ玄関をやめて、床面積を増やすことから始めました。それにより土間収納が使いやすくなり、下駄箱も設置できました。上框を斜めにする場合は、視線や動線を誘導したい方向に向けましょう。リビング扉をトイレ扉とずらして配置しましたが、その際は必ずリビングのTVやソファのレイアウトを検証してください。

　玄関が靴の海にならないためにも、土間収納より効率的に使える玄関とホール双方から使える下駄箱の設置を優先して考えましょう。

間取り A の処方箋

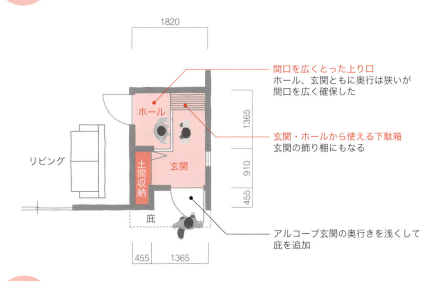

01 玄関・ホール、階段

間取り B の処方箋

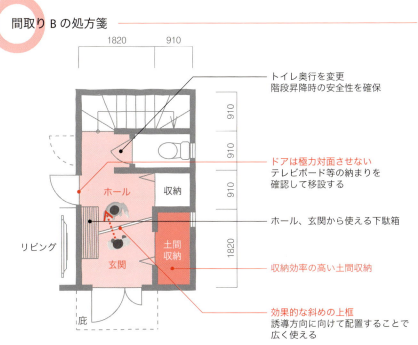

CASE 2
転落や扉との衝突など危険性の高い階段

お母さん、階段は家の中で一番危険な場所だって。

そうなの？ 浴室、キッチンなど火や水を使う場所が一番だと思っていたけれど、どんな危険があるのかしら？

つまずきによる転倒や転落。それに人同士や扉との衝突事故も多いらしいよ。

確かに、朝の通学出勤時はみんな急いでいるから危なそうね。私や小さな子供にとっては、階段の昇り降りそのものが大変だからね。

私も危険だとわかっていながら、子供や洗濯物を抱えて前が見えない状態で昇るときもあるわ。

間取りAはどうかしら。階段の昇降口に向けて、トイレの扉が開くようになっているわね。

階段を降りたときに、勢いよく扉が開くと危険だわ。常に注意して昇り降りしなくてはいけないね。

階段での事故や危険のリスクを少しでも減らすには、どうしたらよいのだろう。安全性の高い階段の形ってあるのかしら？

✕ 間取り A

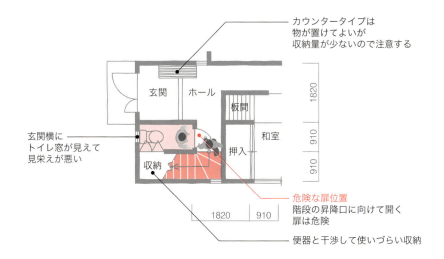

✕ 注意が必要な踊り場の例

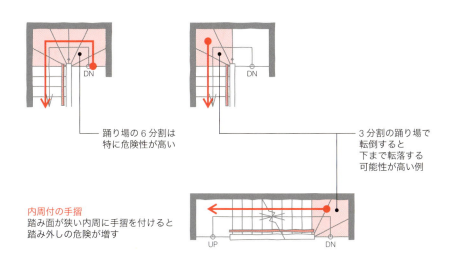

01　玄関・ホール、階段

> 設計課長の診察室

踊り場6分割の階段を標準で考えない

　階段は家庭内事故発生の可能性が極めて高い場所です。事故の内容は加齢などで身体機能（筋力、視力等）が低下することによる転倒や、人同士、または扉との衝突、子供や荷物などを抱えて足下が見えにくい中でのつまずきなどで、場合によっては、下階まで転落するような大きな事故になります。

　間取りAを見てみましょう。階段に向けて開くトイレ扉が設置されています。階段昇降時は足下に注意が集中するため、とっさの判断が遅れる場合があります。扉と衝突しなくても、扉が開くことに驚き、階段を踏み外すことも考えられますので、階段の昇降口に向けて開く扉は設けないでください。この場合、昇降口をずらして、扉との距離を確保すればよいのですが、そうするとトイレの天井が低くなるので注意が必要です。

　間取りAの処方箋では2階の間取りに支障がないことを確認したうえで、トイレと階段を反転しました。トイレを前に出して天井高さを確保し、さらにトイレの窓をファサード面から外すことで外観、プライバシーにも配慮しました。

　安全への配慮としては、扉を引戸にして扉との衝突リスクをなくしました。開き戸は、開く動作と人が進む動作がほぼ同時ですが、引き戸は、人が進む動作の方が若干遅れるので、人同士の衝突リスクも軽減されます。

　階段形状を工夫することでも安全性が向上します。踊り場は踏み外しの危険性が高い場所ですので、踊り場を分割するのは危険です。踊り場を分割する場合は平坦部分のすぐ上にすると、転落した場合のリスクが軽減します。真っ直ぐな階段は踊り場がないので、転落した際に止まる部分がありません。そのことから、踊り場を分割しないU字型の折り返し階段が最も安全性が高いといえるでしょう。

間取り A の処方箋

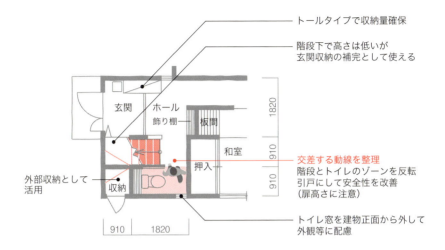

安全性の高い踊り場の例

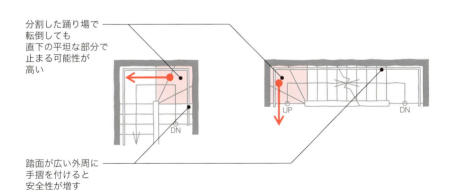

01　玄関・ホール、階段

CASE 3
頭上に気を使う階段下のトイレ

階段下のスペースはどう使えば効率的なのかな。

トイレや収納に使うのが一般的じゃない。部屋の一部にすると、天井が下がって見えるから見た目が悪いわ。

間取りAはトイレに使っている例ね。階段とサニタリーがまとまっていて使いやすそうな間取りだわ。

階段踊り場が6分割されていて昇り降りが心配だけれど、キッチンから洗面室も近くて主婦には嬉しいわ。

階段踊り場の下がトイレになっているけれど、天井の高さは大丈夫かな？

少し心配ね…後で計算してみるわ。間取りBは収納に使っているね。玄関やリビングに収納がこれだけあると十分だね。

2畳分もの収納があって嬉しいけれど、天井が低くて使いにくそうな気がするわ。これもあとで計算してみないと。

平面図だけでは理解しにくい高さ関係の寸法。トイレや収納として無理なく使えるのは階段の何段目以降なのだろう？

間取り A

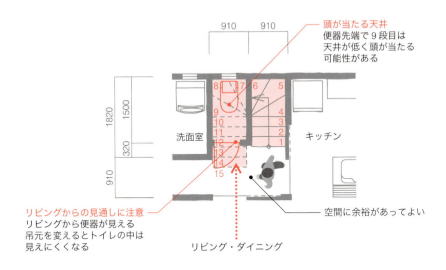

頭が当たる天井
便器先端で9段目は天井が低く頭が当たる可能性がある

空間に余裕があってよい

リビングからの見通しに注意
リビングから便器が見える
吊元を変えるとトイレの中は見えにくくなる

間取り B

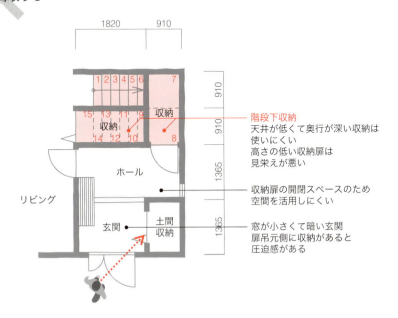

階段下収納
天井が低くて奥行が深い収納は使いにくい
高さの低い収納扉は見栄えが悪い

収納扉の開閉スペースのため空間を活用しにくい

窓が小さくて暗い玄関
扉吊元側に収納があると圧迫感がある

設計課長の診察室

階段下トイレは便器先端で10段目

　階段下スペースは、収納やトイレとして利用するのが一般的ですが、天井が低くても使える空間（土間収納や納戸）とつなげて使ったり、冷蔵庫、洗濯機置き場の上部を下がり天井とする方法もあります。ただし、リビングの一角が下がり天井になるような階段の配置は、見栄えが悪いので避けましょう。

　間取りAは階段下トイレの例です。リビングアクセスのホールタイプでサニタリーと階段室を集約した家事動線が、主婦に喜ばれる間取りです。階段の踊り場が6分割されているのは安全上推奨できませんが、その分、ホールが広く配慮されています。では、トイレの天井高さについて考えてみましょう。この場合、便器は踊り場（7〜9段目）の下部に配置されています。階段の蹴上を200mmとすれば、9段目の踏板高さは1.8mで、トイレの天井は1.7m程度となります。人は入室して便器先端で振り返って便座に座るので、その行為に支障のない天井高さが必要になってきますが、少し高さが足りません。処方箋では登り口に階段を1段追加して、便器先端で10段目、天井高さ1.9mとしました。ホールは狭くなりますが、トイレ扉を安全を考慮して引戸に、さらにリビング扉を階段前に移動して、リビングからの視線にも配慮しました。

　間取りBは階段下収納の例です。平面図では空間を余すことなく収納に使えるように見えますが、奥の物の出し入れに人が中に入る必要があり収納効率は劣ります。玄関も、壁に挟まれて暗く閉鎖的です。**処方箋**では階段下スペースを横から使いました。間口が広い収納は物の出し入れがしやすく、効率よく使えます。玄関正面の収納扉は推奨できませんが、扉を天井までの高さにして、色を壁に合わす、下駄箱をカウンタータイプにする、窓を付けて明るくするなど、収納計画とともに玄関ホールの演出にも配慮しましょう。

間取り A の処方箋

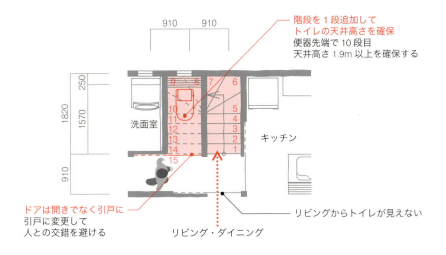

間取り B の処方箋

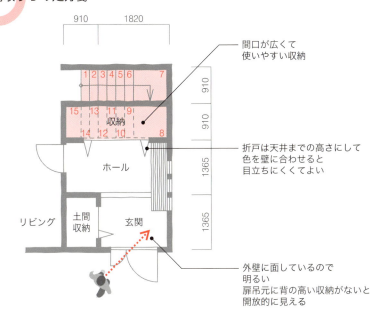

チラシの間取り 10 ポイントチェック①

タイトル
「ゆったりとした玄関とリビングが心地よい家」

① ベッドへの通路上に
テレビがあって邪魔になる
テレビも視聴しにくい配置

② 納戸などの大型収納がない場合は
小屋裏収納の設置を検討すると
よい

③ 2階の間取りが左右反転している
（階段位置が違う）

④ 将来的に2階にもトイレが
設置できる案も考えておくとよい

⑤ 出入口扉と収納扉が干渉する
配置は避けた方がよい

⑥ 冷蔵庫が開閉できない
キッチンの通路幅が狭い

⑦ リビングスペースが狭い
ダイニングの方が広く使える

⑧ 空間が余っている
有効活用できていない

⑨ 玄関框の誘導方向に
トイレ扉がある

⑩ シューズクロークが
ホールから使えない

延床面積	86.94m²
1階床面積	45.54m²
2階床面積	41.40m²

02

トイレ、洗面、浴室

CASE 1
玄関入れば トイレ扉が お出迎え

間取り A、玄関入ったらすぐにトイレ扉が見えるね。

本当だね。急いでいるときは便利だけれど、お客様からすると感じ悪いわ。

来客中は 2 階のトイレを使うしかないね。でもトイレ中にお客様が来たら出にくいよ。

それに、下駄箱がホールから離れているね。これだと玄関の靴が片付かない。この間取りよい所がないね。

間取り B も同じね。玄関からトイレの扉が見えるし、下駄箱もない。何か飾りたいけどいい場所がないわ。

しかも便器が玄関に向いてる。扉が内側に開くのも使いにくそうだし、階段下だから扉も少し低くなりそう。

もしおばあちゃんが同居していて、中で倒れたりしたら、すぐに助けられないかも。

玄関にあるトイレはどんな工夫が必要なのかな。玄関以外の場所にするにはどうすればよいのだろう。

間取り A

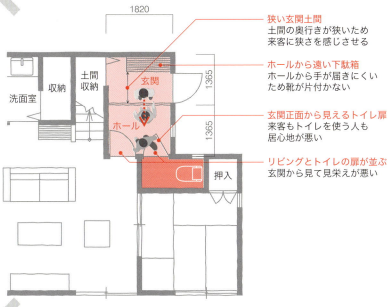

狭い玄関土間
土間の奥行きが狭いため来客に狭さを感じさせる

ホールから遠い下駄箱
ホールから手が届きにくいため靴が片付かない

玄関正面から見えるトイレ扉
来客もトイレを使う人も居心地が悪い

リビングとトイレの扉が並ぶ
玄関から見て見栄えが悪い

間取り B

ホールから使える下駄箱がない
靴が片付かず、また玄関に何かを飾る良い場所がない

玄関正面に見えるトイレ扉
内開き扉は危険で、使いにくい階段下のため扉高さが低い

各所に収納があるのは良い

02 トイレ、洗面、浴室

> 設計課長の診察室

トイレ扉は「角度」や「動線」を変えて玄関正面から隠す

　玄関ホールにある（から見える）トイレには、視線や音漏れなどに関する色々な問題点が隠されています。本来、設計者はそのメリット・デメリットを施主に伝えた上で、適切な提案をする必要がありますが、それがなされていないことで、後々のクレームにつながる多くの事例があります。今回の間取りもその一つです。

　トイレの配置は、プライバシーに配慮されていることが最も重要です。玄関やリビングから、トイレの扉が見通せるような配置だけでなく、キッチンの脇を通ってトイレに行くなど、お客様に見られたくない（見たくない）場所が、動線上にある配置も避けましょう。また、1階トイレはお客様使用が前提であることから、その設えや高齢者等も無理なく使えるような安全上の配慮も必要です。ホールにいる人と干渉するから扉を内開きにする、そんな危険な事例もまだ見られます。

　間取りAは、扉の向きを変更してプライバシーに配慮しました。それにより、ホールからも使える下駄箱を配置できる効果もでます。リビング扉が階段昇降口と近くなるため、引戸（壁内引込戸）にして、階段昇り口をずらすなどの、安全上の検討も必要です。また、玄関扉正面の収納折戸は、扉が目立たないように工夫しましょう。玄関からトイレの出入りが見える、リビングが若干狭くなるなどデメリットも残りますが、メリットが優ります。

　間取りBは、トイレの出入りを玄関ホールから洗面室側にすることで、プライバシーに配慮しました。それにより玄関ホールに演出スペースができて、ホールから使える下駄箱を配置できる効果もあります。階段下で天井が低いこと、収納スペースが若干少なくなるデメリットはありますが、こちらもメリットが優ります。

間取り A の処方箋

間取り B の処方箋

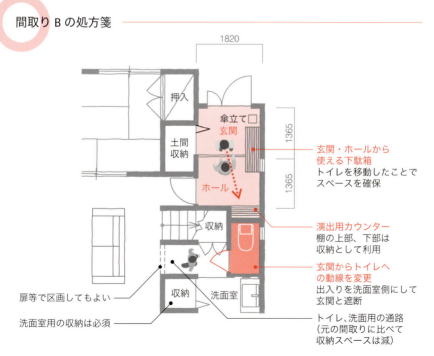

02 トイレ、洗面、浴室　27

CASE 2
2階にトイレがない家

 今の家はほとんど2階にもトイレがあるね。

 2階にあるのは便利だけれど、今は1ヶ所で不自由していないから、私はなくてもいいわ。

 2世帯なら別だけれど、4人家族なら必要ないよね。それに掃除する場所が増えるのも嫌だし。

 マンション住まいの友人もいらないって言っていたわ。マンションって平屋と同じようなものだからね。

 間取りAは珍しいね。2階にトイレがない。

 本当だ。2階トイレはオプションの場合が多いから参考プランにも付けていないのかしら。

 その分、部屋が広くとれているような気がするけれど、部屋はもう少し狭くてもいいかな。

 必要な時にリフォームしてトイレができるような間取りがあると便利だね。

 そんなにうまくいくかしら。そもそも2階にトイレって必要なの？

✗ 間取り A

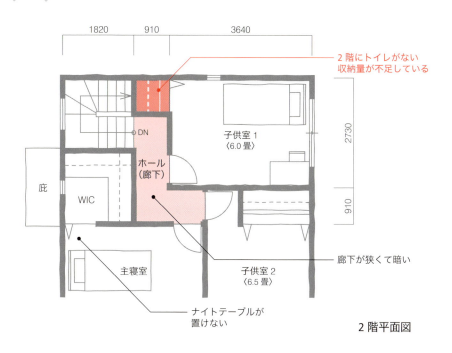

2 階平面図

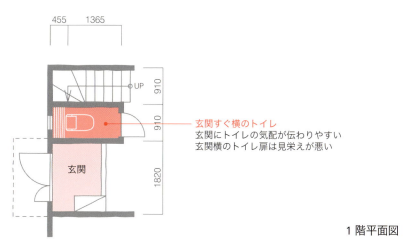

1 階平面図

02 トイレ、洗面、浴室

> 設計課長の診察室

動線上にある収納スペースをトイレに転用する

　2階トイレの必要性については、掃除が面倒だ、現在困っていないなどの理由で必要ないとの意見も聞かれますが、今までマンションでフラットな生活をされてきた方にとっては、階段のある生活は想像しづらいものです。

　階段は家の中で一番危険な場所とされ、特に夜間の昇り降りには注意が必要です。照明が暗いと足下が危なく、明るすぎる光源が目に入るのも危険です。年齢を重ねるにつれ、体力も低下し、夜中にトイレに起きる回数もふえるので、トイレは寝室と同一階に設置しておくことをおすすめします。2階トイレは就寝前や早朝の時間帯の利用が想定されるので、隣室への音の配慮が必須です。寝室に隣接させないのが基本ですが、やむを得ない場合は収納を挟む、遮音性能の高い壁で仕切るなどの対策をしてください。

　今回の間取りAですが、子供室1の収納スペースが小さいこと、2階のホール（廊下）が狭くて暗いこと、1階玄関横にトイレ窓が見えることなどが気にかかりますが、子供室はそれぞれ6畳以上の広さがあるので、2階にトイレを設ける余裕はありそうです。

　処方箋では、子供室2の収納をトイレに変更しました。その結果、子供室2は6.5畳から5.2畳となりましたが、ベッド等のレイアウトも検証済みで問題ありません。子供室1も収納を広げたことで同様の広さとなりましたが、トイレに隣接する壁を遮音性能の高い壁にして、この面には紙巻き器を付けないなどの配慮が必要です。1階のトイレと階段を反転して、トイレの窓を玄関面から外して外観に配慮しました。玄関からトイレの気配も感じにくくなり、2階ホール（廊下）にも窓が付いて明るくなりました。その家に必要なスペースが確保できないのに、2階トイレを優先する必要はありませんが、将来的に設置できるように間取りを計画しておくとよいでしょう。

間取り A の処方箋

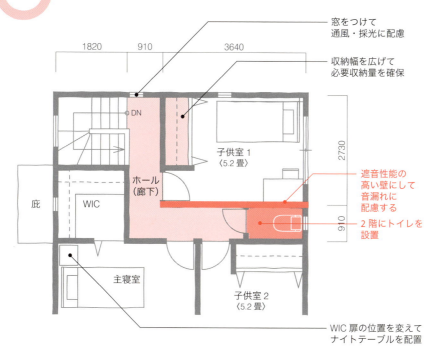

2階平面図

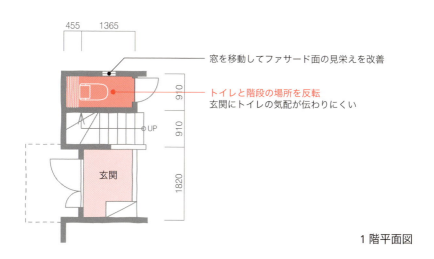

1階平面図

02 トイレ、洗面、浴室

CASE 3
リビング扉と向かい合ったトイレ

あるモデルハウスの間取りなんだけど、玄関が気になっちゃって。

どういったところが気になるのかな？

例えば、下駄箱がないことね。土間収納を下駄箱に使うとしても、ホールからだと一度下に降りなくては使えないね。

最近のプランは土間収納があって下駄箱がない間取りが多いね。それに、トイレの場所も玄関から見えるのは嫌だわ。玄関によくある悪いパターンね。

家事動線としては便利だろうけれど、リビング扉を開けるとキッチンが見えるのも嫌ね。階段のところに扉が必要だわ。

お客様が帰る際にリビング扉を開けるとトイレの扉が見える…。

玄関もホールも狭くはないけれど、使い勝手がよくないね。どうしてだろう？

もう少し間口が広ければ下駄箱もおけるのにね。何かよい改善案はないかな？

間取り A ✕

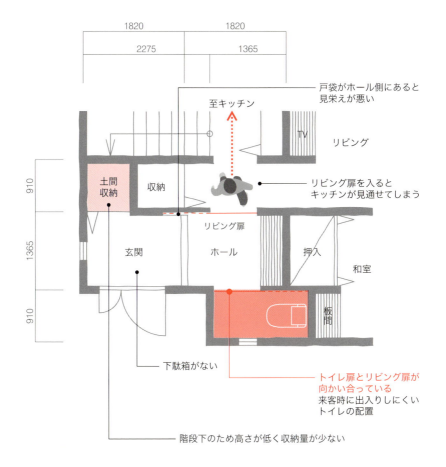

02 トイレ、洗面、浴室

設計課長の診察室

玄関のチェックポイントは収納、トイレ、リビングへのアクセス

　間取りAは、玄関によくある悪い例が詰まった間取りです。まず課題としてあがるのは、①トイレの配置です。玄関からトイレの扉は見えませんが、リビング扉と向かい合った配置は避けたいところです。トイレへの出入りに、ホールを通る必要もあるなど推奨できません。プライバシーへの配慮が必要です。次に、②下駄箱の収納量不足でしょう。一般に4人家族で約50足とされる靴の収納場所が見当たりません。今回は下駄箱がなく、土間収納に頼る計画ですが、土間収納は階段下空間で高さがなく、また、ホールからは直接使えない配置のため、玄関土間に靴が溢れてしまうことが想定されます。そして最後に、③リビングへのアクセスです。リビング扉を開けるとキッチンが見通せます。家事動線としてはとても便利ですが、お客様の目に触れてほしくない部分です。特に南接道の場合は、玄関ホールから直接リビングへ入るように計画するとよいでしょう。

　処方箋ですが、まずトイレの位置を階段下に移動しました。これにより①の課題が解決します。次に②ですが、玄関扉を西側入りに変更しました。間口が広くて余裕ある玄関土間になりました。土間収納も広くなり、玄関正面に下駄箱を設置することで②の課題も解決しました。最後に③ですが、和室の押入と板間の位置を反転して、出入口をホールの端にしました。これによりキッチンを見ることなくリビングへアクセスできるようになりました。キッチンへの通路は扉等で仕切っておいた方がよいでしょう。

　このようにほぼ形状を変えることなく、使い勝手の良い玄関空間に変更できました。玄関・ホールによくある悪い例として、収納、トイレ、リビングへのアクセスをあげましたが、これらをクリアすることを、使いやすい玄関の条件と認識しておきましょう。

間取りAの処方箋

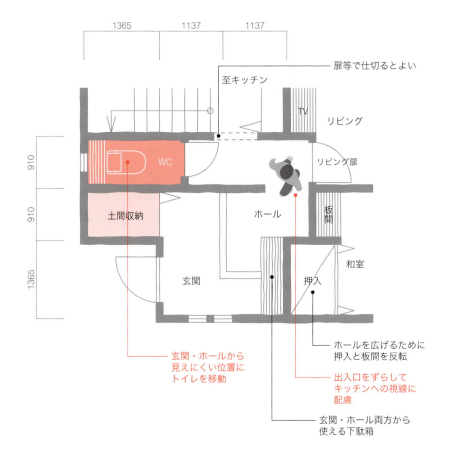

CASE 4
高齢者等に配慮の乏しいサニタリー空間

バリアフリー設計の家というのかしら。年齢を重ねても生活しやすい家にした方がいいわよ。

そうね、お母さん。床に段差がないと、つまずいて転倒する危険も少ないし、さらに扉を引戸にすると車いすでも過ごしやすいでしょうね。

床段差の解消と引戸は必須だけれど、他に私のような高齢者等でも使いやすい装備や間取りの工夫を知りたいわ。

間取りAは、トイレ、洗面室などが集約されているから使いやすそうだけれど、開き扉はダメね。

間取りBもトイレ扉が開き扉になっているわね。それに洗面台の場所も使いにくそうだわ。出入口のすぐ前にあると車いすでも便利でいいのに。

高齢者になると、方向転換が少ない方が暮らしやすいよね。介助なしでも暮らしやすい間取りの工夫が必要ね。

自立しているけれど、歩行が困難な人にとってストレスが少なくてすむような間取りづくりのヒントが知りたいわ。

間取り A

洗面室内に収納スペースがない

開き扉・折戸は
高齢者等にとって使いにくい
車いすだと方向転換が多くなり
使いにくい

間取り B

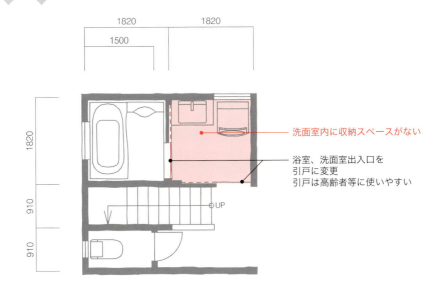

洗面室内に収納スペースがない

浴室、洗面室出入口を
引戸に変更
引戸は高齢者等に使いやすい

02 トイレ、洗面、浴室

> 設計課長の診察室

洗面台、シャワーを使いやすいように考える

　高齢者等にとってトイレ、洗面、浴室をストレスなく使うことは、日常生活を過ごすうえで大変重要です。高齢者等を自宅で介護する場合は特別な仕様が必要になるので、ここでは自立はしているが歩行が困難な（負担が大きい）高齢者等が使いやすく、介助しやすい間取りの工夫について考えます。

　まずは配置ですが、それらの空間は必ず高齢者等の寝室と同一階にして下さい。出入口扉は開閉時に体を移動させずにすむ引戸が望ましく、その幅は有効で800mm確保したいところです。さらに洗面台や便器、浴室の仕様、それらをスムーズに使うための空間の確保、動作を補助する手すりの設置等も検討しなければなりません。

　間取りA・Bでは、開き扉が多用されています。洗面室内に収納スペースも見当たりません（物を床に置くと動作空間が狭くなる）。洗面台は手洗い等で日に何度も使うため、出入口正面にある方が、車いす移動の場合も方向転換が少なくて済みます。間取りAの処方箋では階段とトイレを反転して洗面室の扉位置を変えました。それにより収納スペースを確保し、洗面台も出入口正面になりました。同様にユニットバスのシャワー位置も浴室出入口正面にして、シャワーを使いやすく、介助もしやすいようにしました。さらに間取りBの処方箋では、階段の配置を工夫してトイレの出入口を引戸に変更しました。トイレと洗面室間の動線も短く便利になり、手洗い器も便器正面にして体の動きを少なくしました。

　バリアフリーを考える上で、床段差解消、引戸は重要ですが、それだけでは移動の利便性が増すだけで、洗面室、トイレ、浴室内における行為は楽になりません。高齢者等の動作がシンプルになるように動線を工夫し、設備品を配置することも重要な要素です。

間取り A の処方箋

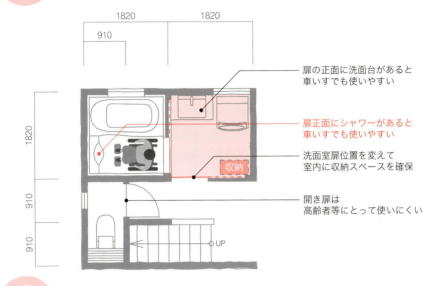

間取り B の処方箋

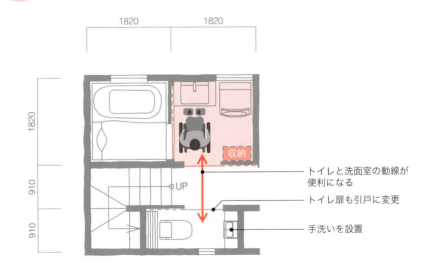

CASE 5
暗くて湿っぽくちらかりやすい洗面室

洗面室って片付きにくいよね。脱衣、着衣、洗顔、お化粧、洗濯…色々な用途があって物もたくさんあふれているから、お客様には見せられないわ。

一坪（1.82m × 1.82m）程度の洗面室が多いみたいだけれど、収納が十分ある家ってあまり聞かないわ。

私のところは、床にキャスター付きの収納ボックスを置いているけれど、邪魔になるし、それだけじゃ全く足りないし。

タオルに洗剤、お風呂の掃除用具やハンガーなどの洗濯物干し用具。それに衣類も少し…みんなどうしているのかしら？

間取りAはどうかな？ 洗面室の中に収納スペースがあるよ。窓は小さそうだけれど。

間取りBも収納があるわ。それぞれ一坪の広さだけれど最初から考えておけば、何とかなるんだね。

ようやく洗面室に収納のある間取りが増えてきたみたいね。でもどれもよく似た間取りね。もっと明るくて収納もたっぷりとある間取りのバリエーションが知りたいわ。

間取り A

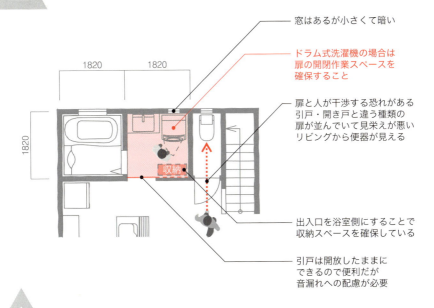

- 窓はあるが小さくて暗い
- ドラム式洗濯機の場合は扉の開閉作業スペースを確保すること
- 扉と人が干渉する恐れがある
  引戸・開き戸と違う種類の扉が並んでいて見栄えが悪い
  リビングから便器が見える
- 出入口を浴室側にすることで収納スペースを確保している
- 引戸は開放したままにできるので便利だが音漏れへの配慮が必要

間取り B

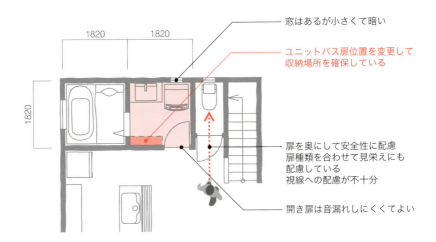

- 窓はあるが小さくて暗い
- ユニットバス扉位置を変更して収納場所を確保している
- 扉を奥にして安全性に配慮
  扉種類を合わせて見栄えにも配慮している
  視線への配慮が不十分
- 開き扉は音漏れしにくくてよい

設計課長の診察室

収納計画とともに明るさにもこだわって計画する

　洗面室では一般に、脱衣着衣、洗濯、洗面の3つの生活行為が行われますが、洗濯機と化粧洗面台があるだけで、暗くて収納スペースに配慮のない間取りをよく見かけます。昨今、チラシに掲載されている間取りを見ると、ようやく間取りAのように、洗面室の扉位置を変えるなどして（動線を整理して）、収納スペースに配慮する例も見られるようになりましたが、まだまだ施主も作り手側も認識が足りないと感じます。

　間取りAは、出入口を浴室側にすることで収納スペースを作っています。ドラム式洗濯機を利用する場合は扉の開閉が可能で、作業に支障がない範囲で収納奥行を計画して下さい。間取りBはユニットバス扉を移動して、奥行200〜400mm程度の収納スペースを作った例です。間取りBではその他に、洗面室の建具を開き扉にして遮音性を高める、隣接するトイレの扉を少し奥にして、人と扉とが干渉しにくいように配慮されていますが、いずれも窓が小さく暗い洗面室のイメージです。

　改善案①では間取りAをもとに、収納を作り、建具を開き扉にして遮音性にも配慮しました。バスマットを使う場合は、扉と干渉しないように厚みに注意しましょう。トイレもリビングから便器が見えないように配慮しました。さらに洗面台上に横長の窓（H-500mm程度）を設置して明るさにも配慮しました。改善案②では、物干し場との連携を考えて、掃出し窓のある洗面室にしました。洗濯機上に収納棚が作れて、洗面台前にも収納スペースがあります。暗くて湿っぽいイメージの洗面室が、明るく風通しのよい空間に変わります。当然、最もプライバシーが必要な空間ですので防犯、視線への配慮は必須です。キッチンが隠す場所から見せる場所に変化しているように、今後、洗面室のドレッシングルーム化が進むかもしれません。

間取りA・Bの処方箋

改善案①

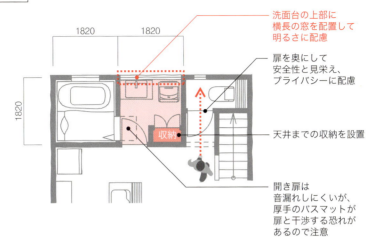

改善案②

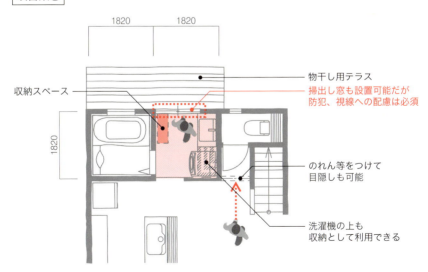

CASE 6
入浴後に視線が気になる「リビング階段」

リビング階段っていいと思わない？

どうして？ 私たちの行動が良く見えるから？

それもあるけど。開放的で個性的なリビングにできそだから。おしゃれな階段もいいな。

そうした場合、冷暖房効率や音や臭いの問題はどうなのかな？ クーラー効かないよ。

スケルトン階段にすると難しそうだけれど、間取りAのようにしたら、階段の昇り口に扉を付けることができるから何とかなりそうよ。

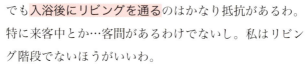

でも入浴後にリビングを通るのはかなり抵抗があるわ。特に来客中とか…客間があるわけでないし。私はリビング階段でないほうがいいわ。

プライバシーを考えるとそうだし、色々な考え方があって当然ね。リビング階段の良さが生かせてプライバシーにも配慮できる、そんなプランも見てみたいわ。

間取り A

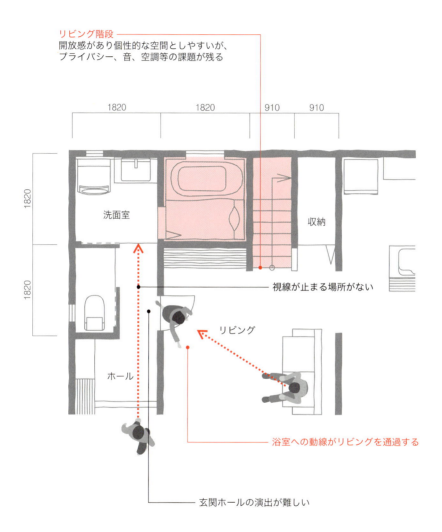

リビング階段
開放感があり個性的な空間としやすいが、プライバシー、音、空調等の課題が残る

視線が止まる場所がない

浴室への動線がリビングを通過する

玄関ホールの演出が難しい

02 トイレ、洗面、浴室

> 設計課長の診察室

開放的な「リビング階段」プライバシー重視の「ホール階段」

　玄関からリビングを介して各部屋へ入るリビングアクセスは、開放的なプランで家族間のコミュニケーションが円滑になりやすく、スペース効率もよいメリットがあります。比較的、若い女性に人気が高い考え方ですが、空調や音の問題の他、プライバシー対策も課題になります。子供が行動を監視されているように感じる場合もあるので、リビングアクセスの特徴をよく理解した上で計画する必要があります。

　間取りAはリビングアクセスの中でも「リビング階段」と呼ばれるタイプです。リビングに階段を配置したプランは、個性的で開放感が得やすく、スケルトン階段にするとさらにダイナミックな空間演出も可能になります。その反面、冷暖房効率が悪く、音や臭いが家全体に行き渡りやすいデメリットがありますが、それが気になるようであれば、階段の形状を変えて扉で仕切る、全館空調システムを採用するなど改善策を検討しましょう。さらに、この間取りでは入浴後にリビングを通る必要があるなど、家族のプライバシーが保たれにくいので注意が必要です。

　間取りAの処方箋は「ホール階段」と呼ばれるタイプです。トイレ、洗面、浴室のプライベート空間と階段室を集約したプランで、プライバシーが保たれやすく、冷暖房効率、音や臭いの問題も解決できます。ただし、寝室と水廻り空間が階段室を介して直接つながることで、リビングを中心としたコミュニケーションの機会が少なくなる恐れがあります。また、廊下が増えることで「リビング階段」に比べてリビングが狭くなってしまいます。

　いかがでしょうか？　どちらの考え方にも一長一短ありますね。玄関から階段を通じて直接各部屋に入ることができる一般的な間取りは、今でも人気が高い考え方です。

間取りAの処方箋

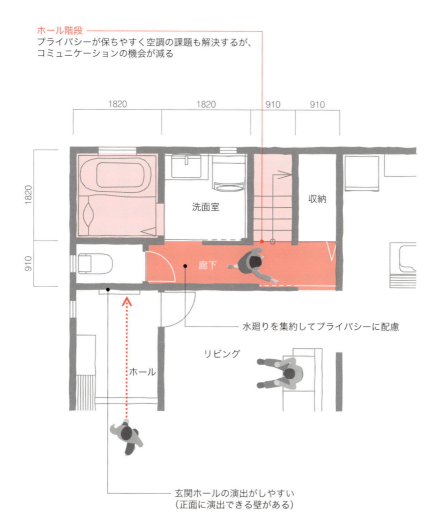

ホール階段
プライバシーが保ちやすく空調の課題も解決するが、コミュニケーションの機会が減る

水廻りを集約してプライバシーに配慮

玄関ホールの演出がしやすい
（正面に演出できる壁がある）

02 トイレ、洗面、浴室

チラシの間取り 10 ポイントチェック②

タイトル
「LDK＋ガレージ2台の南東向きの明るい家」

① 間取り構成の説明に過ぎないので
コンセプトとしてはよくない

② 子供室2室の条件（広さ、方位等）は
極力合わせた方がよい

③ 主寝室として考えるのであれば、
ベッドを2台配置する

④ 下屋の範囲を記載する
玄関庇がどうなっているか不明

⑤ リビング扉を開けると
キッチン内部に視線が向く配置は
好ましくない

⑥ 洗面室に収納スペースがない

⑦ 狭いリビング
周囲を部屋に囲まれて
落ち着かない配置

⑧ 玄関正面のトイレ扉は
見た目も悪いので避ける
リビングへの出入の際に、
衝突する危険性がある

⑨ 引違戸でなく、2枚引込戸など
開放性の高い建具にすると
リビングとの連続性も高まってよい

⑩ 普通車のスケールが間違っている
このスペースに車を2台
駐車するのは難しい

正しい普通車のスケール

延床面積	98.54m²
1階床面積	50.51m²
2階床面積	48.03m²

03

和室

CASE 1
知らないでは済まされない和室造作のしきたり

実家には和室が2間あって、法要の際にはそこに親戚一同集まって、それは賑やかだったね。

2間続きの和室なんて、今の新しい家にはほとんど見られなくなったね。

そうだね。そもそも和室自体があまりつくられなくなったし、お客様もリビングでおもてなしの時代だしね。

私の生まれた家には、玄関には広い三和土（タタキ）があってね、和室には凝った意匠の欄間や縁側があったのよ。懐かしいわ。

間取りAは、いまどき珍しい 2間続きの和室 がある間取りね。仏間、床の間、広縁もあるなんてすごいね。

本当ね。奥の部屋は客間でなくて寝室のようだけれど、襖を外すと広く使える のでいいわ。でもいろいろ 和室の作法 がおかしいように思うのだけれど。

どこがおかしいの？　私たちや子供の世代に和室のしきたりと言っても難しいけれど、最低限のルールは覚えておきたいわ。

間取りA

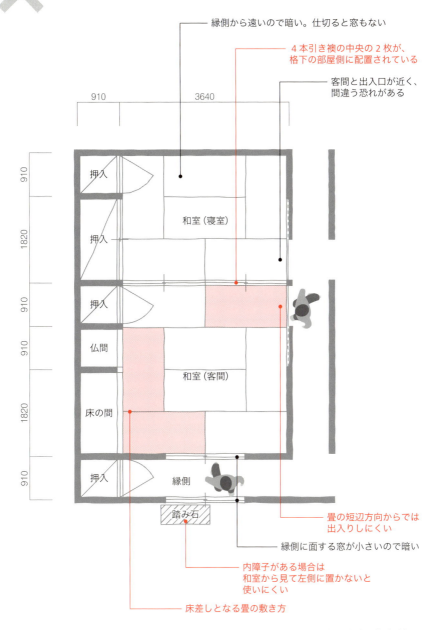

03 和室

> 設計課長の診察室

本格和室の仕様にスタンダードなし。現地現物で確認する

　今や都市部に2間続きの和室のある家をみることは、かなり稀になりました。単世帯化が進み、敷地に余裕がない上に、法要の会席を別の場所で行うなど、その必要性もなくなってきましたが、和室には、現代住宅にはあまり必要なくなった、畳、床の間、仏間、縁側、障子、欄間、格子、離れ、三和土、庭園などの設えや空間が時代とともに姿や形を変えて受け継がれています。

　今回の間取りは2間の和室を連続させて、奥の部屋をお母様の寝室として使う間取りです。子世帯の客間はリビングを使い、床の間のある和室は親の客間や、仏間として利用するという計画ですが、和室造作のしきたりに色々と問題があるようです。まず目に付くのが畳の敷き方です。床の間に対して畳の短辺を向けて配置する「床差し」がみられます。これは畳だけでなく天井板にも適用されるので気をつけましょう。出入り口と畳の関係は03 和室のCASE 3を参照して下さい。次に続き間襖の配置です。格上の部屋に対して中央の2枚を向けるのが正しい配置ですが、逆になっています。縁側に面する窓の大きさも問題です。縁側は内外をつなぐ空間として重宝されてきました。和室、縁側、庭の連続性や、和室の明るさを確保するためにも窓は間口いっぱいにとりましょう。特に奥の部屋は暗く湿りがちになるため、押入れを吊押入れに変えるなどして採光や通風に配慮しましょう。また、和室は床の間など付帯空間が多く、外気に面した壁が少ないためエアコンの配置も事前に検討しておく必要があります。

　ここでは一般的な事例にとどめましたが、本格的な和室ほど古くからの慣習やルールに対して配慮すべき事項が多くなります。その場合は、現在お住まいの家の和室、または参考にしたい和室を施主と確認した上で設計することをおすすめします。

間取り A の処方箋

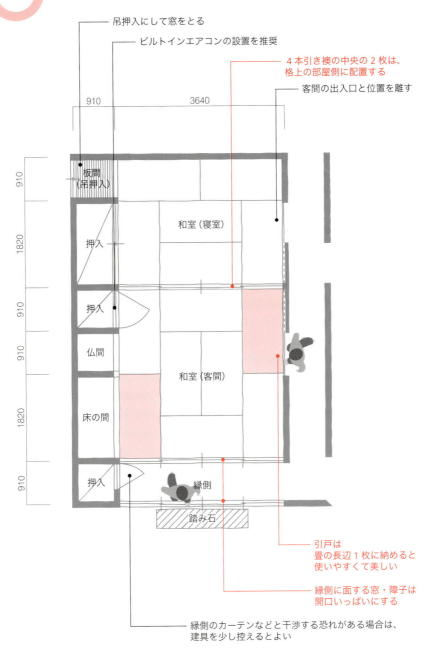

03 和室

CASE 2
布団を出し入れしにくい押入れ

　床の間、仏間が欲しいので独立和室の8畳がいいわ。

　急な来客にも対応もできるし、両親が宿泊するにも気兼ねしなくていいしね。

　間取りAと間取りBはどう違うの？

　Aは910mmの方眼紙に間取りを書いてあって、Bは1000mmの方眼紙に書いてあるの。Aが最も一般的な8畳和室の寸法だと思うよ。

　それで押入れの奥行が910mmと1mになっているのね。どちらの間取りが使いやすいのかしら？

　そうね。Aに比べて畳が広いのはBのメリットだけれど、押入れの間口が狭いのはデメリットかも。

　そうね、奥行は910mmあればいいけど、間口は広い方が物の出し入れがしやすいからね。

　押入れはやっぱり布団の出し入れを重視したいね。使いやすい押入れの間口と奥行きの関係を知りたいわ。

間取り A

〈910モジュールの例〉

床框を入れて
間口と奥行のバランスを
調整している

間取り B

〈メーターモジュールの例〉

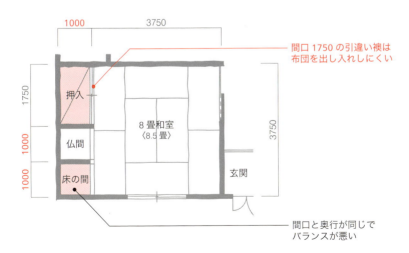

間口1750の引違い襖は
布団を出し入れしにくい

間口と奥行が同じで
バランスが悪い

> 設計課長の診察室

メーターモジュールの押入れ幅は 2.0m にすると使いやすい

　910mmモジュールとメーターモジュールの違いが、最も分かりやすいのが和室ですね。畳のサイズにも影響がある他、和室に付属する床の間、仏間、押入れにもその影響が表れます。メーターモジュールの場合は250mm単位で寸法を調整しやすいため、**間取りB**のように3.75m角で8畳としてもよいし、少し大きめなら4.0m角、小さめなら3.5m角とすることもできます。ただし注意すべき点は、日本人は部屋の広さをm^2で表すよりも、畳数で表すことが一般的であるため、4.0m角の和室は畳9枚分の広さありますが、3.5m角になると畳7.4枚分の広さしかないため、8畳の要望がある場合には必ず確認しましょう。

　さて本題ですが、**間取りB**の問題点は間口1.75mの押入れです。押入れ襖が引違いのため襖開放時の有効間口は800mmを切って、910mmモジュールの場合に比べて、布団の出し入れがしにくくなります。そのため、**改善案①**では和室奥行を4.0mにして**押入れの間口を2.0m**と広くしました。和室の間口も4.0mにすればよいのですが、面積を抑えるために3.75mのままとしました。床の間も間口と奥行きが同じではバランスが悪いので、奥行を調整しています（間取りAのように床框で調整する方法もある）。

　改善案②では**押入れ襖を両開き**にして、より使いやすくしました。高齢者等で布団ラックを使用する場合には特に配慮すべきポイントです。開き襖の場合は、引違い襖より建具の厚みが少なくて済むので、押入れ奥行を750mmとしていますが、広いに越したことはありません。これにより、3.5m角のコンパクトな畳8枚敷きの和室になりました。今回は解説していませんが、間口1.0mの押入れに布団を入れると、布団が折れた状態になるので、布団を収納する場合は間口1.25m以上で計画してください。

間取り B の処方箋

改善案①

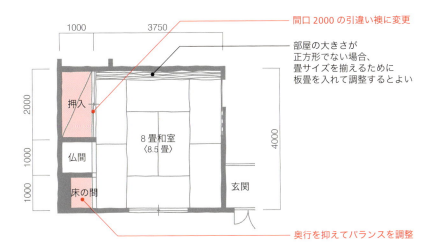

改善案②

CASE 3

してはいけない畳の敷き方

色々な用途に使える和室っていいね。

独立和室もいいけど、普段あまり使わないと思うからリビングにつなげた和室の方が便利。

畳コーナーでもいいけれど、4.5畳くらいあれば、扉で閉じるとお母さんに泊まってもらえる部屋になるしね。

畳の部屋は多用途に使えるから便利だわ。ところで4.5畳の畳はどう敷いたらいいのか知っている？

間取りAのように敷けば？ 半畳を真ん中に入れたらいいと思うけど。納まりがよさそうだし。

畳の敷き方に決まりはあるのかな？ 畳の短辺を床の間に向ける敷き方は「床差し」といってよくないと知っているけれど。

和室のルールって色々あるようだけれど、床差し以外にしてはいけない畳の敷き方ってあるのかしら？

❌ 間取り A

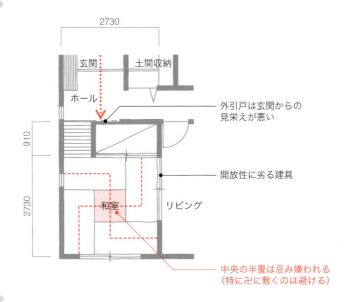

❌ 間取り B

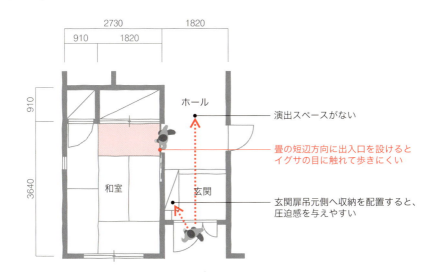

03 和室

設計課長の診察室
半畳の周りの畳は卍に敷かない

　和室には伝統に基づく多くのルールや約束事があり、それらを理解して設計に反映することが求められます。畳の敷き方には「祝儀敷き」と「不祝儀敷き」があり、祝儀式は畳と畳の合わせ目がＴ字になる敷き方で、不祝儀敷きは畳の角が十字（四つ目）になる敷き方をいいます。現在は意匠的に四つ目に敷く例も見られるようになりましたが、畳の角を正確に合わせることは難しいので不祝儀敷きは避けたほうがよいでしょう。その他「床差し」と呼ばれる、床の間に対して畳の短辺方向を向ける敷き方もよくありません。理由は、床の間を見る際に畳縁が中央に見えて美しくないこと、畳の目の関係で床の間の前で座ったまま膝を滑らしにくいことからです。

　では間取りＡはどうでしょうか？　畳の角が四つ目になっている部分はありませんが、4.5畳敷きの場合、中央の半畳は腹切り畳として忌み嫌われる場合があります。さらに周囲の畳を卍に敷くと、特に縁起が悪いとされるので注意しましょう。では半畳をどの位置に入れるとよいかですが、鬼門線を避けるという考えもあるようですので、間取りＡの処方箋のように右下が最もよいということになります。

　次に間取りＢを見てみましょう。押入れのサイズに合わせて美しく畳が敷かれています。特に問題はなさそうですが、出入り口の畳の敷き方に一工夫欲しいところです。畳の短辺方向には畳縁がなく、畳の目の関係からも出入りの際に畳が傷みやすく、つまづきやすい敷き方といえるでしょう。この場合、押入れの配置も含めて左右反転するとよく、さらに間取りＢの処方箋のように、押入れ扉の仕様を統一すると壁面も美しく見えます。4.5畳茶室では半畳畳は中央に敷かれます。また、4.5畳下座床や8畳和室では床差しになっても構わないとされますのでご注意ください。

間取り A の処方箋

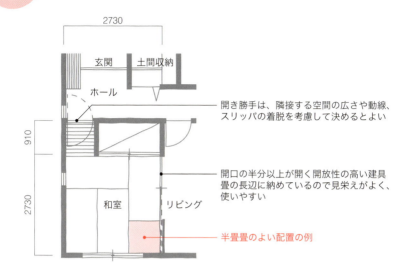

間取り B の処方箋

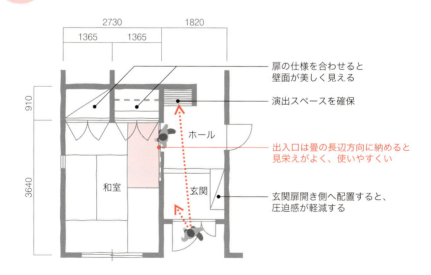

CASE 4
リビングと一体で使えない和室

この間取り、「家族みんなで集える家」「LDK と一体に使える和室がある家」がコンセプトだって。

確かに襖を開けるとつながるけれど、一体感はあまり感じられないね。

和室は 6 畳で、廊下からでも入れるから「客間としても使える多用途な和室がある家」の方がしっくりとくるかも。

この間取りだと和室とリビングが離れているから、一体利用は難しそう。でもリビングだけで 5.5 畳というのは狭いね。2 人掛けのソファーしか置けない。

そうね。リビングとダイニングでようやく寛ぎ空間ね。和室は予備室の扱いかな。普段あまり活用できないかもしれないね。

それはもったいないね。できれば家族みんなで賑やかに過ごせる LDK と和室が理想なのだけれど。

リビング、ダイニング、そして和室。それらを上手に組み合わせて、汎用性の高い間取りになればいいのにな。

間取り A

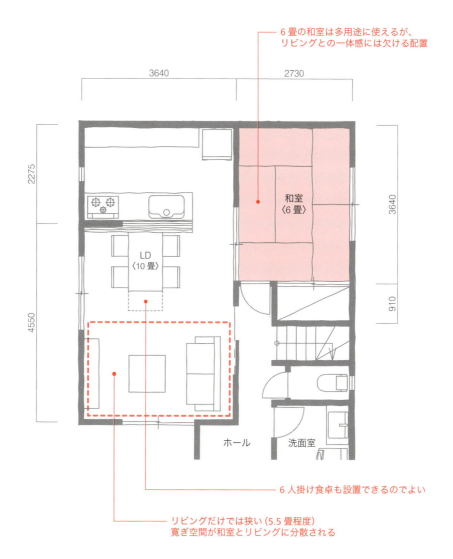

03 和室

> 設計課長の診察室

空間の不足を補完し合える位置関係に配置する

　玄関を入って左に和室、右にLDKという間取りがゴールデンプランと呼ばれ、分譲地で人気を博していた頃もありましたが、今では独立和室の需要が減り、和室がある場合でも、その多くがリビング（ダイニング）とつながった間取りになっています。使用頻度の低い和室を日常生活空間の外に置くのではなく、日常生活空間内におくことで、部屋が広く見えて、リビングの補完としての機能も併せもたせるなど、和室の扱い方は大きく変化しました。

　間取りAでは左側のゾーンにLDKが連続して配置され、和室は右側のゾーンに配置されています。和室を寛ぎ空間の一部に取り込みたいと考えても、ダイニングを介することでリビングとの連続性はうすれ、また、リビングだけでは十分な広さがないために、寛ぎ空間がリビングと和室に分断される可能性も考えられます。和室は廊下から直接入ることができるなど、客間として利用するには使いやすいですが、日常生活での使い方に課題が残ります。

　間取りAの処方箋では、和室とリビングとの一体利用に重きをおいて計画しました。和室は、2人が布団で就寝できる広さ、リビングは4人家族が集まれる広さとして、各々の連続性を重視しました。和室は仕切って使うこともできますし、床を300〜450mmあげた小上がり仕様にすれば、空間的にもよいアクセントとなります。本来は、ホール（廊下）から直接リビングに入るとよいのですが、今回はテレビボードの納まりを考えて、致し方なくダイニングから入ることにしました。

　LDKと一体に計画したつもりの和室が、その配置ゆえに使いづらく、視覚的な広さも得ることができない例が多くあります。各々が最低限の広さを確保しつつも、空間の不足を補完し合える位置関係に配置することが重要です。

間取り A の処方箋

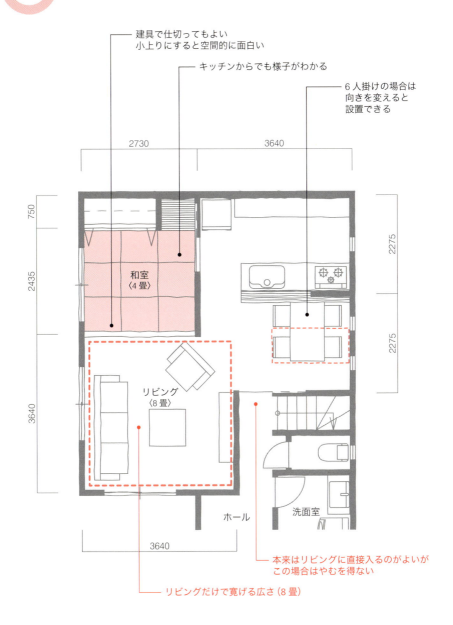

03 和室

CASE 5
床の間からトイレの音が聞こえる

客間と水廻りの位置関係は悩むよね。

和室の押入れの後ろ側に水廻りが集まっている間取りをよく見かけるね。

近くて使いやすそうだから便利だわ。

この間取りA・Bもそうだね、客間の後ろに水廻りが集まっているわ。両方とも床の間を介して水廻りと隣接しているけれど、音漏れの心配はないのかな？

床の間は部屋じゃないし、壁1枚だからきっと音漏れすると思うよ。

そうよね。トイレの排水音は大きいからね。間取りBは洗面室が隣接しているけれどどうかしら。

私の家は女の子が多いからお風呂が長くて、夜も遅いの。ドライヤーや洗濯機の音も問題ね。

母の寝室にしようかと思っていたけれど、それじゃトラブルのもとになっちゃう。

何か簡単にできる対策ってないのかしら？

間取り A

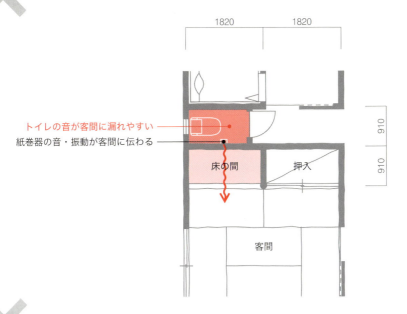

間取り B

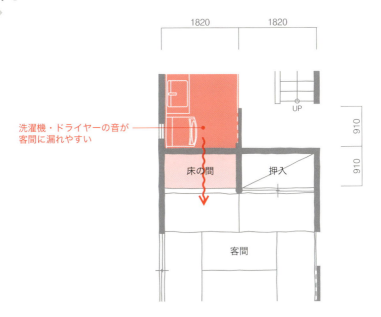

> 設計課長の診察室

水廻り空間の音は遮音壁で遮断する

　今回の間取りは、客間と水廻り空間との位置関係が問題となっていますが、客間を応接、法要などに使う他、両親が宿泊する可能性もあると解釈して検討してみましょう。

　間取りAでは、床の間とトイレの位置関係が問題になっています。トイレは視線や音漏れなどに対して、最も配慮すべき空間です。特に1階のトイレはお客様も使用しますので、間仕切り壁1枚で居室と仕切ることはやめましょう。紙巻器の配置も壁を通じて音が伝わるのでよくありません。

　間取りBでは洗面室と隣接しています。洗面室は、日中はトイレ程には頻繁に使いませんが、朝と夜に比較的長い時間使われます。特に夜は入浴の準備やその後のヘアセット等で音が発生します。昨今、共働きや室内干しの影響もあって、夜間に洗濯を済ます家庭も多いため、洗濯機の音も長時間発生します。そのような空間とも間仕切り壁1枚で仕切ることはやめましょう。2世帯同居となると、子どもを含めた3世代の生活時間が大きく異なり、日常の生活音がトラブルの原因になることが大いに考えられます。

　間取りAの処方箋では押入れと床の間の位置を入れ替えました。押入れに布団等が詰まっていれば遮音効果は見込めるでしょうが、そうでない場合は、間仕切り壁を遮音壁仕様にして下さい。また、この場合は通常の床の間の配置と逆になるため、事前に施主への説明が必要になります。さらに、床柱を丸柱にした場合、引違襖が丸柱の中心線より前側で納まって、丸柱が綺麗に見えませんので、角柱にしてください。紙巻器は浴室側に位置を変更しています。プランをそのままにして対策するには、間取りBの処方箋のように、床の間の壁を遮音効果の高い壁にして、さらに床の間の奥行を調整して2重壁にするなど万全な対策をとるとよいでしょう。

間取りAの処方箋

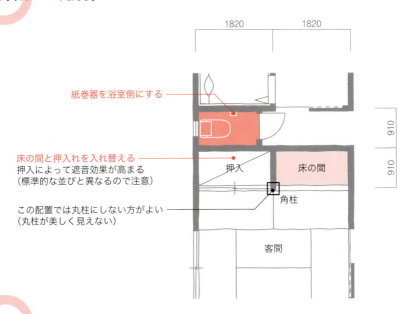

間取りBの処方箋

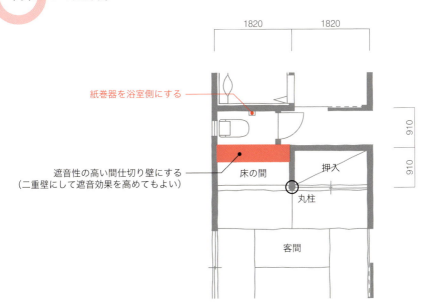

チラシの間取り10ポイントチェック③

タイトル
「スムーズにつながる家事導線とゆとりの和室プラン」

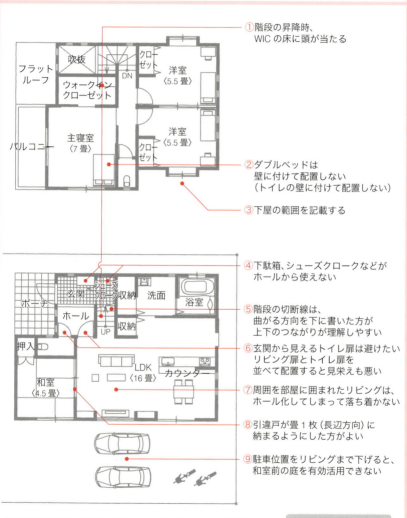

① 階段の昇降時、WICの床に頭が当たる

② ダブルベッドは壁に付けて配置しない（トイレの壁に付けて配置しない）

③ 下屋の範囲を記載する

④ 下駄箱、シューズクロークなどがホールから使えない

⑤ 階段の切断線は、曲がる方向を下に書いた方が上下のつながりが理解しやすい

⑥ 玄関から見えるトイレ扉は避けたいリビング扉とトイレ扉を並べて配置すると見栄えも悪い

⑦ 周囲を部屋に囲まれたリビングは、ホール化してしまって落ち着かない

⑧ 引違戸が畳1枚（長辺方向）に納まるようにした方がよい

⑨ 駐車位置をリビングまで下げると、和室前の庭を有効活用できない

⑩ 全ての添景（ベッド、車、便器、キッチン等）のスケールが小さく描かれている
部屋を実際よりも広いように誤解させてしまう表現はよくない

延床面積	97.70m²
1階床面積	52.99m²
2階床面積	44.71m²

04

L・D・K

CASE 1
リビングドアを開けたら目の前にキッチン

リビングドアを開けたらすぐキッチンってどう？

そうね。常に片付いているわけでないので嫌だわ。特にオープンキッチンは見えすぎるので困るわ。

接客中に扉を開けたらキッチンが丸見え…。でも今は、かっこいい家具のように魅せるキッチンが多くなってきたらしいよ。

そうなの？　そういう人はこれでいいかもね。このプラン、ホールが狭くない？　土間収納が広いのは嬉しいけれど、玄関とのバランスが悪いように思うわ。

ホールから使える下駄箱もないし、入浴後にホールを通るのも避けたいところだわ。

本当ね。土間収納をもう少し狭くできるだろうから、色々と改善できるかも。

本当なら LDK にはリビングインが望ましいけど、ホール、下駄箱、入浴後動線等、問題点がありすぎて…。どうにかならないかしら。

間取り A ✗

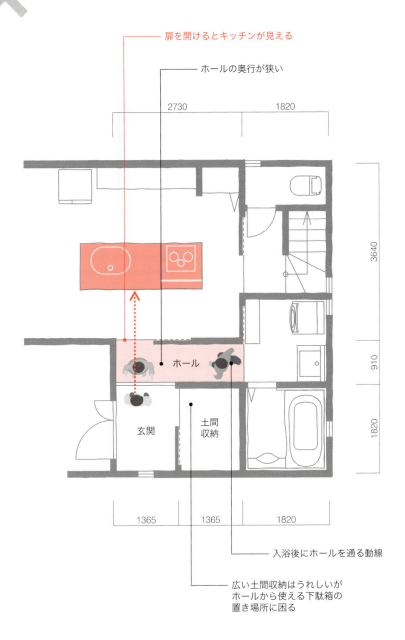

- 扉を開けるとキッチンが見える
- ホールの奥行が狭い
- 入浴後にホールを通る動線
- 広い土間収納はうれしいがホールから使える下駄箱の置き場所に困る

設計課長の診察室

動線・視線・収納を設計してキッチンを美しく魅せる

　リビングドアを入って目の前にあるキッチンセットの是非。以前は隠す場所であったキッチンが、魅せる場所へ変わってきていることは確かです。でも、玄関の正面にリビングドアがあるのはどうでしょうか？　出入りする都度、玄関から部屋の中が見通せてしまいます。それは決して気持ちのいいものではありません。玄関の正面には扉等を設置せず、演出スペースとして活用できる壁にしておくのが望まれます。

　次に、ホールと玄関のバランスです。ホールの奥行は来客応対可能な寸法に通路幅を足して1365mm以上を推奨します。特に往来が多い場所のため、910mmでは狭く感じます。玄関は広いですが、南端のスペースが使い切れていません。下駄箱を置ける適当な場所も見当たりません。

　間取りAの処方箋では、まず土間収納を移動、縮小して、ホールを余裕あるサイズにつくり変えました。玄関奥行は910mmですが、L字型にすることで奥行と広がりを感じさせます。そうすることで、玄関、ホールどちらからでも使える下駄箱が設置でき、カウンタータイプにすれば演出スペースとしても利用できるようになります。玄関からの目線もキッチンから外れました。

　次に洗面室の動線を階段ホールからの出入りに変更してプライバシーに配慮しました。洗濯機前にあった収納を洗面台前に移動しました。キッチンは高さ1.2m程度の腰壁で囲うタイプにしました。これにより手元が隠れてシンクの中などが見えにくくなります。

　LDKの入り口に鎮座するキッチンセットは、片付けの苦手な方には不向きだといえます。美しく保つ、魅せるにも色々な工夫が必要です。

間取り A の処方箋

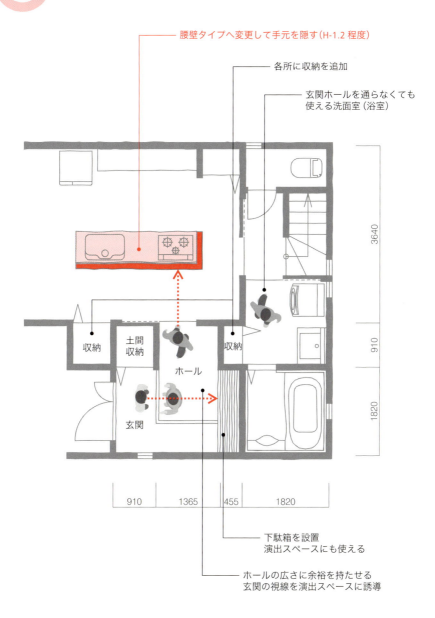

CASE 2
キッチンを通らないと風呂に行けない

間取りAみたいに、キッチンと洗面室が行き来できる家事動線って便利。

そうだね。この扉は本当に嬉しいわ。家事効率UP！

でも、洗面室やお風呂を使うのに必ずキッチンを通るのってどう？ しかも少しルートが曲がっているし。

確かに気になるけど、何かいい改善案ある？

間取りBのように階段を反転すれば、廊下から洗面室に入れると思うんだけど。どうかな？

本当だ！　2階に影響がないならこの方がいいね。キッチンからの動線も残っているし。

でも洗面室に収納スペースがとれなくなるよ。それに冷蔵庫も奥まってしまうから、ダイニングからでは使いにくいかもね。

家事動線は優先したいけど、洗面室の収納に冷蔵庫の配置も大切。よい方法ないのかしら？

△ 間取り A

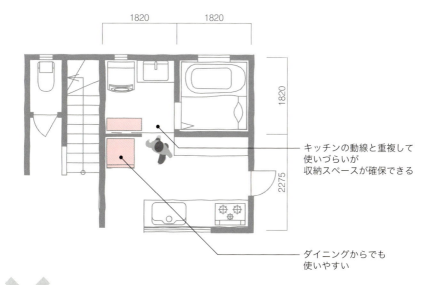

キッチンの動線と重複して使いづらいが収納スペースが確保できる

ダイニングからでも使いやすい

× 間取り B

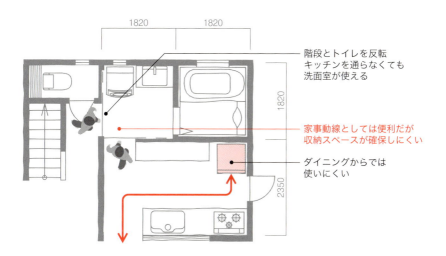

階段とトイレを反転 キッチンを通らなくても洗面室が使える

家事動線としては便利だが収納スペースが確保しにくい

ダイニングからでは使いにくい

> 設計課長の診察室

収納＞家事動線の優先順位で考える

　キッチンから洗面室への家事動線を追加すると、洗面室の収納量が減ります。利便性と収納量を両立することは難しい課題ですが、洗面室やキッチンが片付かないと結果的に家事効率も悪くなるので、それぞれの収納をしっかり確保することが重要です。

　間取りA→Bにすると洗面室の収納スペースがなくなります。間取りAでは浴室へ入る動線と家事動線を重ねることで、収納スペースを生み出していましたが、間取りBでは扉の位置を変えたため、それができなくなっています。冷蔵庫は、間取りAでは使いやすい位置にありますが、間取りBではコンロの後方になっています。シンクの後方でも設置可能ですが、キッチンの通路幅を考えてその方がよいと判断したのでしょう。冷蔵庫はキッチン以外からの使用頻度も高い家電用品なので、ダイニングから遠ざかると不便になります。

　そこで改善案①ですが、間取りBをベースに、冷蔵庫と食器棚の前面を合わせて配置しました。それにより、それぞれの**奥行差を利用した300mm程度の収納スペース**が洗面室側にできます。キッチンも随分スッキリとした印象になります。

　改善案②では、キッチンの配置だけを反転して通路を外壁側にすることで、**冷蔵庫の配置を改善しました**。ダイニングから冷蔵庫が使いやすくなりました。収納、家事動線、冷蔵庫それぞれ使いやすくプラン変更することができました。外壁側の開口部を、勝手口の代わりに大きな掃出し窓にするのはどうでしょう？　何となく暗くて湿っぽいキッチンの印象が明るく開放的に変わり、LDとの連続性も増した感じがします。コンロ側から廊下に出たい場合は、その部分に扉を付けることも可能です。

間取りA・Bの処方箋

改善案①

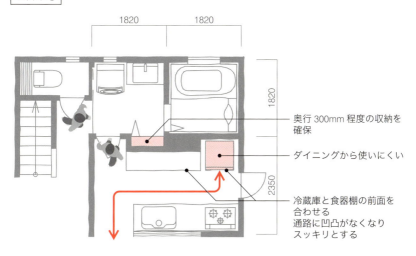

- 奥行300mm程度の収納を確保
- ダイニングから使いにくい
- 冷蔵庫と食器棚の前面を合わせる
  通路に凹凸がなくなりスッキリとする

改善案②

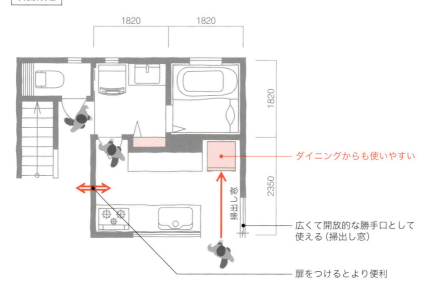

- ダイニングからも使いやすい
- 広くて開放的な勝手口として使える（掃出し窓）
- 扉をつけるとより便利

CASE 3
リビングから見通せるキッチンの勝手口

間取りAはよくある間取りだけど、階段下収納扉の高さが低くて場所も悪いから、収納が使いにくそう。

確かにそうだね。入口が狭くて奥が広いタイプね。でも仕方ないね。外からの収納として使ってもいいけれど、それも使いにくいしね。

それ以外は問題ないわね。冷蔵庫も使いやすいし、収納も十分だし。でも、階段下収納を使いやすく考えれば、間取りはどう変わるのだろう？

そうね。収納扉の前に物が置けなくなるから、勝手口として利用すれば効率的じゃない。

本当だ。キッチン収納は少なくなるけれど、階段下収納が増えるから大丈夫だね。

それに、間取りBのように勝手口を土間付にすれば、室内で靴がはけるから雨の日でもとっても便利だわ。

でも、勝手口がリビングから見えるのは嫌ね。

よくある間取りだけれど、色々なパターンで良し悪しを考えてみたいね。

間取り A

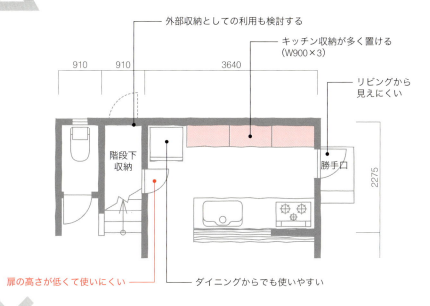

間取り B

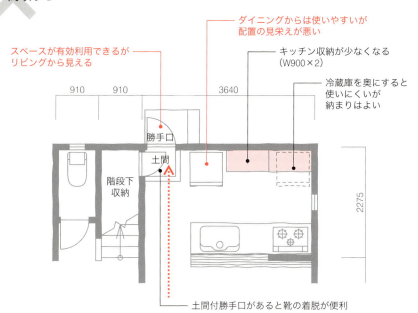

04 L・D・K

設計課長の診察室

勝手口は壁の後ろに隠して設置する

間取りAは、最も標準的な対面キッチンの間取りですが、階段下収納の取り扱いが難しい間取りでもあります。間取りAのデメリットは階段下収納が使いにくいということで、それを改善したのが間取りBですが、収納扉の前に物が置けなくなることから、冷蔵庫の配置が変わります。シンクの後ろでは通りにくく見栄えも悪いことから、コンロの後ろにするとダイニングから使いにくくなってしまいます。キッチン収納も減ってしまい、さらに間取りAではコンロ前の壁に隠れていた勝手口が、リビングから見通しやすくなっています。勝手口は扉の意匠性が悪く、その用途からもリビングなどの接客、寛ぎ空間からは見通せない場所にした方がよいでしょう。間取りCでは階段下を冷蔵庫置場にしています。開口部が増えた分明るく、風通しがよくなった印象がありますが、階段下収納が使えない分、収納量は減りました。間取りDではキッチンを反転して、通路上に大きな窓を設置しました。間取りAと比べるとキッチン収納が少し減りましたが、階段下収納が使いやすく、勝手口も見通せず、冷蔵庫もダイニングから使いやすい配置となりました。ただこの間取りでは、キッチンへの動線が長くなるというデメリットがあります。

このように一般的な間取りでも、色々なパターンが考えられます。各々の間取りを下表のような基準を設けて判断・評価してみてはどうでしょうか。

	冷蔵庫配置	キッチン収納	階段下収納	勝手口配置	キッチン動線
A	◎	◎	△	○	○
B	△	○	◎	×	○
C	○	◎	×	○	○
D	◎	○	◎	○	△

明るさ、通風等も検討項目に入れるとよい。各項目の配点は優先順位で決める。

間取り C

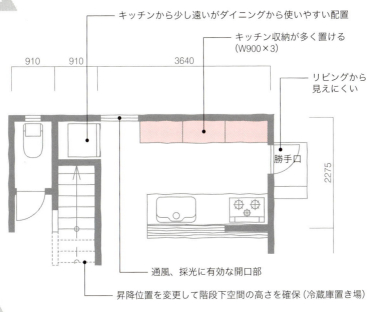

間取り D

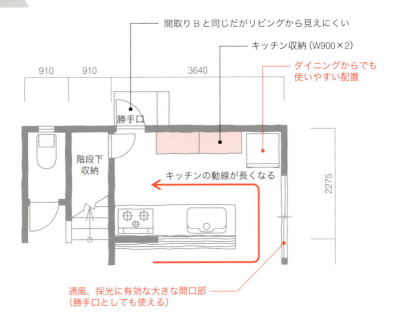

04 L・D・K

CASE 4

4人掛けの食卓では家族以外は座れない

食卓は何人用をつかっているの?

　　5人家族なので4人用。幅は1.35m。子供が小さいから
　　まだ余裕があるけれど、いずれ狭くなりそう。

私も同じ4人用だけど、幅が1.5mだから比較的ゆったり
と座れるよ。でも親と一緒に食事すると狭いわ。

　　それは残念ね。私のところはみんなが集まったら基本は
　　外食か、立食パーティー…あきらめている。

この間取りはどうだろう?　4人用の食卓が置かれてい
るけれど、6人用の食卓は置けそうにないね。

　　そうね。それに、食卓を使うのは食事時だけじゃなくて、
　　子供は宿題、私はパソコンなど、常に何かで使っている
　　から広い方がいいわ。

食卓は広いのに買い替えればいいけれど、置けるスペー
スがないとどうしようもないわね。

6人用食卓のサイズや、それを置くために必要な通路等の寸
法があれば知りたいわ。

間取り A

4人掛け（幅1350mm）の食卓は使えるが、6人掛け食卓を置くと通路が確保できない

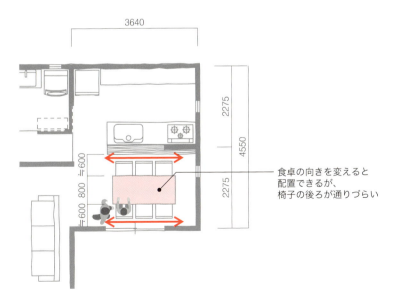

食卓の向きを変えると配置できるが、椅子の後ろが通りづらい

> 設計課長の診察室

ダイニングは6人掛け食卓と収納をセットで計画する

　大型テレビを中心に家族が集まって寛ぐリビングの風景は、PCやスマートフォンなどの普及とともに変化しつつあります。このように、家での過ごし方が多様化する中で、ダイニングには食事をする場だけにとどまらず、家族の集いの場（ファミリールーム）としての要素が強く求められるようになりました。4人家族だから4人掛けの食卓を基準に間取りを検討するのではなく、両親や来訪者などとも気軽に食事が楽しめるように、6人掛けの食卓を基準に計画すれば喜ばれるでしょう。

　間取りAは、ダイニングとリビングのゾーンが独立しているため、各々のスペースが補完しあえない特徴があります。このスペースでは4人掛けの食卓しか置けません。食卓の向きを変えると、全員が着席して食事はできますが、椅子の後ろを通るにも、配膳するにも窮屈です。

　処方箋では、ダイニングの奥行を455mm広げるだけで、**6人掛けの食卓を置いても問題がない空間**になりました。また、食卓は宿題やパソコンなどの作業にも使うことから、**ダイニング空間に収納を作っておきましょう**。食卓が片付けやすくなることで、食事の用意も滞らずに済みます。さらに、リビングとの間に建具を付けておけば急な来客にも対応しやすくなります。

　食卓の幅は800mmで、短辺側にも座る場合は900mm。長さは4人掛け1.35m（1.5m推奨）、6人掛け1.8mが基本寸法です。椅子を引く寸法は0.6m（肘掛の場合0.75m）ですが、食卓の脚の仕様によってはそこまで必要ありません。

　4本脚タイプは、短辺側にも着席できるので、6人で食事をするには難しくてもお茶程度なら楽しめます。ダイニングをファミリールームとして機能させるために、6人掛け食卓を置けるスペースと収納をセットで計画することをおすすめします。

間取り A の処方箋

- 6人掛け食卓が使用できるスペース（向きを変えても使用可能）
- 間仕切り戸を付けると、急な来客でも困らない
- ダイニングに収納があると食卓の上が片付きやすい

食卓脚の仕様による特徴

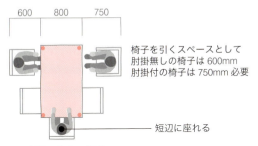

椅子を引くスペースとして肘掛無しの椅子は 600mm 肘掛付の椅子は 750mm 必要

短辺に座れる

4本脚の食卓の場合

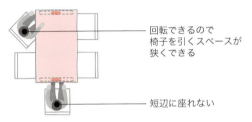

回転できるので椅子を引くスペースが狭くできる

短辺に座れない

2本脚の食卓の場合

CASE 5

人通りが多いリビングは落ち着かない

LDKは広くて明るくて、隣に和室があるのが理想。
和室はいざというときは襖で仕切れて、それ以外の時は一室で広く使える配置がいいね。

LDKと和室では、どれが最優先？
やはりリビングね。一番日当たりが良くて広い場所をリビングにあてたいわ。

間取りAはどうかしら。リビング狭くない？
本当ね。キッチンと和室に挟まれた、狭くて落ち着かない配置ね。テレビの置場もないよ。

和室の優先順位が高いとしても、このリビングは困るわ。それに和室も独立和室として使える広さでもないしね。
思い切って畳をやめて、全部フローリングにするか、全部を畳敷きリビングにした方がいいと思うけど。

でも和室も欲しいのよね。ダイニングが広そうだから、その空間を上手く使えないかな。

間取り A

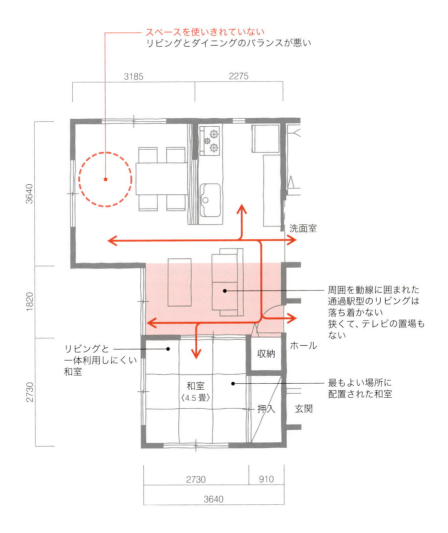

設計課長の診察室

リビングは行き止りに配置するのがよい

　LDKに和室をつなげて使う場合の一般的なレイアウトは、和室をリビングの横につなげるか、リビングの南につなげるかになるでしょう。リビングの南にした場合、リビングが暗くなり、動線が悪ければソファやテレビの配置に困ることが想定されますが、和室との仕切りを開放すると、法要など大勢が集まる場所として使いやすいメリットもあります。

　今回の間取りAですが、リビングの南側に和室がつながっています。ダイニングや和室の広さに比べて、2人掛けソファしか置けず、テレビの置き場所にさえ困るリビングは、まるでホールのような扱いです（通過駅型）。例えば、和室の優先順位が高いとしても、とても効率の悪い間取りといえます。それならば、和室を取りやめてフローリング貼りのリビングにするか、リビングも畳敷きにして和室の機能を持たせた方がよいでしょう。

　そこで間取りAの処方箋ですが、まず最も日当たりがよく、通過動線のない落ち着いた場所をリビングとしました（終着駅型）。その北側にダイニング、そして和室とキッチンをその上に並べました。和室とキッチンの並びは逆でも可能ですが、日常的に使うキッチンの環境やダイニングとのつながりの良さなどからキッチンを西側に配置しました。和室に独立性が必要ないのであれば対面キッチンにすればよいと思います。間取りAに比べて和室が少し狭くなりましたが、押入や収納も変わりなく、リビングダイニングも使いやすい形で10畳程度確保できています。

　LDKと和室の組み合わせのバリエーションはたくさん考えられます。それぞれを希望に沿ってレイアウトすることも重要ですが、要素を取り込みすぎて結局使えない空間が増す間取りにはならないように気をつけましょう。

間取りAの処方箋

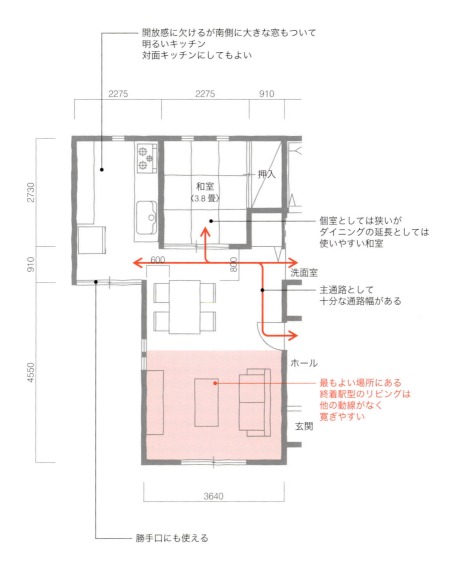

CASE 6
玄関からトイレとキッチンを経由して入るリビング

西側が道路で、車2台がぎりぎりの敷地。

本当ね。ポーチのステップが車止めになりそうなくらいぎりぎりね。

この間取りだと、玄関からトイレ前のホールを通って、キッチンの横を通ってようやくリビング。遠いし、通ってほしくない所をぐるっとまわるのね。

玄関からリビングに直接入るのが理想だけれど、それは難しそうだし、キッチン経由でリビングに入るのも嫌だわ。

玄関を前に出して、ホールをつくればどうにかなるかも知れないね。

それはダメだわ。玄関扉が車と当たって開かなくなるし、ポーチも邪魔になるわ。車が1台ならいいけど。車は増えても減ることはないからね。

駐車場借りるのも費用が掛かるから、敷地内に車を止めたい。どうにかならない？

間取り A

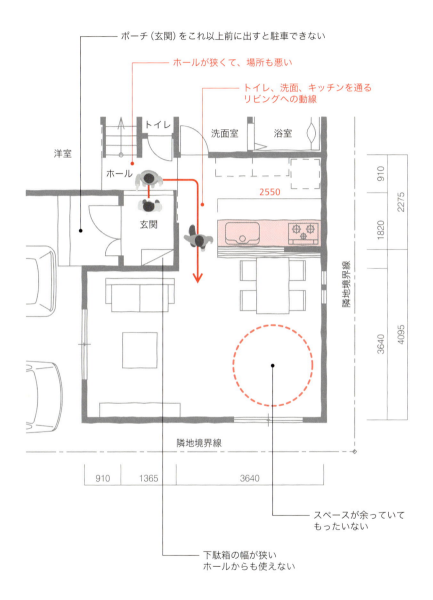

04 L・D・K

> 設計課長の診察室

横向きのキッチンを縦向きにしてスペースを生み出す

　LDKにはリビングインが理想的ですが、間取りによってはダイニング経由でリビングに入ることも致し方ありません。しかし、今回のようにトイレを通って、洗面室、キッチンの横を通過してリビングに入るという動線は通常では考えられません。見たくない、見せたくない所を経由して入るリビング。それは絶対に避けなければいけません。他にも下駄箱がホールから使いにくく、収納量も少ないこと、ダイニングの南側のスペースがうまく使えていないことも、改善すべき点として挙げられます。

　間取りAの処方箋では、まず玄関と対面したホールを設けることから考えました。玄関をこれ以上前に出すことができないので、原案の対面キッチンの通路部分をホールとして利用するしかありません。しかし対面キッチンのままでは、キッチン経由のリビング動線となってしまうので、キッチンの配置を縦向きに変更してみました。対面キッチンのキッチンセット幅(2.55m)より、処方箋にあるキッチンの奥行(2.275m)の方がコンパクトに納まりますので、ホールを設けることが可能です。玄関空間が広くなったことでお客様に与える印象は随分違ってきます。下駄箱の収納量も増えて片付きやすくなり、玄関正面の壁は演出スペースとしても使えます。常に対面キッチンで考えるのでなく、いろいろなバリエーションの引出しを持っておくことが重要です。

　処方箋では、洗面室側に通路を確保することで、ホールから洗面室、キッチンを通ってダイニングまで回遊できる、いわゆる家事動線に配慮された間取りになります。ダイニングには6人掛けの食卓も置けるので問題はありません。

　LDKはリビングから入ることを前提に、そこに至る動線もおもてなしの意識で計画しましょう。

間取りAの処方箋

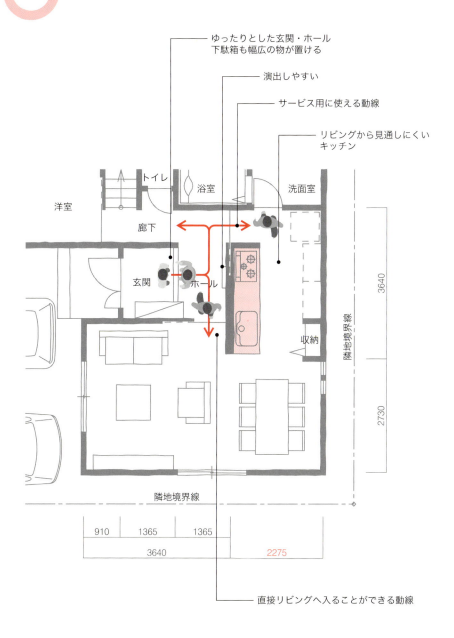

04 L・D・K

CASE 7
余計なものが見えて寛げないソファの配置

玄関ホールにリビングの扉があると近くて便利だな。

でもリビング扉を開けっ放しにしないでね。玄関からまる見えになってしまうから。

接客中に扉を開けたらリビングの様子が見通せるってことね。人の家って気になるからな。

それなら扉の位置を移動した方がいいのかな？ でもそうすると、トイレの前を通ってリビングに入ることになるね。

一長一短あるってことかもしれないね。ところで扉の位置はともかくとして、ソファの配置はこれでいい？ 何か寛げない感じがするけど。

ソファの後ろに掃出し窓、テレビの前を人が通る、キッチンの物も視線に入る。確かに落ち着かないね。

ホールからリビングに直接出入りできるのはいいけれど、落ち着かないリビングはダメ。寛げる空間にするにはどんな工夫をすればいいのだろう？

間取り A

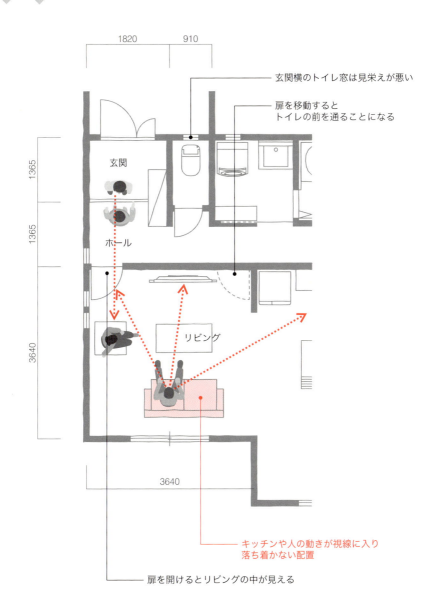

04 L・D・K

> 設計課長の診察室

ソファから見せたくない視線を制御する

　玄関から長い廊下を歩いてリビングに入るよりも、玄関からすぐにリビングに入れる間取りは便利ですが、この間取りには以下の課題があります。①玄関正面のリビングの扉、玄関に演出スペースがないこと、②ソファの配置です。

　①については、訪問客から部屋の様子が見通せる扉の配置は避けたいところです。玄関正面には扉等を設置せず、演出スペースとして活用できる壁が望まれます。扉を移動すると、トイレの前を通ってリビングに入ることになりますが、今回はその方がよいかもしれません。玄関正面に演出スペースも確保できます（下駄箱をカウンタータイプにして演出スペースに代用する方法がありますが、必要収納量とも相まって難しいかもしれません）。

　②については、ソファに座った先に何が見えるか想像してみましょう。テレビ画面の他、リビングへの人の出入りやテレビの前を通る人の動き、少し目線を右にすると冷蔵庫や食器棚等まで見えてしまいます。リビングをおもてなしの場と考えるのであれば、もう少し視線を制御すべきです。

　間取りAの処方箋では、まずトイレと玄関の位置を入れ替えました。それによりトイレの窓が気にならなくなります。リビング扉を玄関正面から外すことで、演出スペースを玄関正面に確保できます。棚を付ける、タイル貼りにするなど、通行に支障がない範囲での演出方法を考えましょう。次にソファとテレビの配置を変更しました。ソファを移動することで、キッチンへの視線を制御して、かつリビングへの人の出入りも気にならなくなりました。テレビの前を人が往来することもなくなります。快適なリビングにするためには、通過動線の少ない終着駅型のリビングにすることと、見せたくない物を見せないようにするための視線の制御が必要です。

間取りAの処方箋

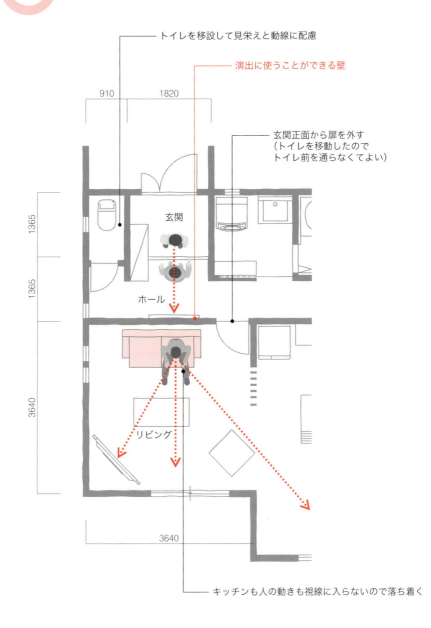

04 L・D・K

CASE 8
南面でも日射しがない庭とリビング

 敷地の南側に家が建っているんだけど、庭やリビングの日当たりはどうかな？

 家の影にならないかってこと？

 そうなの。間取りAだと南に3mくらいの庭がとれるんだけど。

 そうね。夏と冬では太陽の角度も違うから、季節や時間帯によって随分違うだろうね。

 夏は間違いなく明るいと思うけれど、春秋分はどうかな？ 冬は諦めているけど。

 洗濯物はどうするの？ 趣味のガーデニングは？

 できれば庭に洗濯物を干したいし、草花も育てたい。でも何より、暗い庭は嫌だから。

 南側に配置したリビングダイニング。その先の庭もせめて春や秋も明るいといいのだけれど…。

間取り A

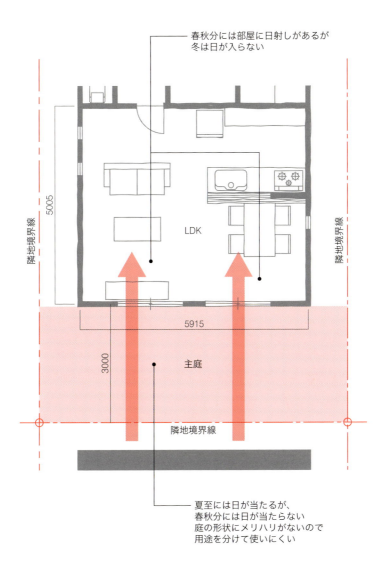

> 設計課長の診察室

リビングは
境界から 5m 離して
配置する

　敷地の状況から、日当たりと眺望を考え、一番恵まれている場所を家族の集う場所にあてる、という考え方が一般的です。日当たり（＝明るさ）を重視するのであれば南面に配置するのがよいですが、北側接道の狭小地であるにもかかわらず1階南面をリビングにした結果、真夏以外は日が当たらず、掃出し窓から2mほどしか離れていない隣の家のトイレ、浴室の窓が目障りになる例はよくあります。

　日影図では手間が掛かるので、右の資料で日当たりを予測してみましょう。東京の南中時の太陽高度は夏至約78度、春秋分55度、冬至約32度です。**間取りAは隣地境界線から3m離れて計画していますから、夏至の南中時には**庭に日が射すのがわかります。春秋分は庭でなく建物の中に日が射し込みます。冬至は2階にしか日が射しません。ユキコさんの洗濯物を干す、明るい庭が欲しいという要望に沿うように、改善案を考えてみました。

　間取りAの処方箋では駐車場の配置を工夫して建物を雁行させることで、ダイニングは境界線から2.1m、リビングは 5.0m 離して配置しました。ダイニングの南側にある窓からは日射しが望めませんが、西側の窓からはリビング前の明るい庭の様子が楽しめます。掃出し窓にすると容易に出入りできます。リビング側の庭の一部は春秋分でも日当たりがよく、室内には冬至前まで日が射し込みます。このように全体に均一な離隔をとるよりも、部分的（敷地の半分以上推奨）でも広い離隔を確保した方が、庭としての設えがしやすく、使いやすい空間になるといえます。当然室内の日当たりもよくなりますが、日射を制御したい場合は日除けを付けるなどするとよいでしょう。

　ただ建物形状を雁行させた影響で、午前中は自邸の影響で庭が影になります。影の原因は周辺の家だけでないことに注意しましょう。

間取り A の処方箋

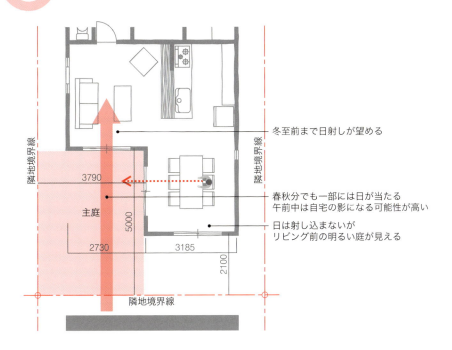

冬至前まで日射しが望める

春秋分でも一部には日が当たる
午前中は自宅の影になる可能性が高い

日は射し込まないが
リビング前の明るい庭が見える

資料

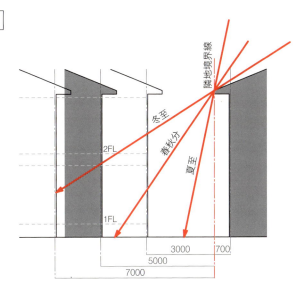

04 L・D・K

CASE 9
正方形のLDKは使いにくい

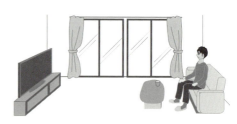

 3間×3間で約18畳のLDK。広そうだけど。

 間取りAも間取りBも リビングスペースが縦長で使いにくそうだね。

 対面キッチンにするなら、どちらかのレイアウトしかないのかな。どちらかといえば…。

 Aはダイニングとリビングを一体として使える感じがするけれど、Bは別々って感じなのでA。

 Aのソファの配置は落ち着かないよね。テレビも大きな窓の前で見にくそうだし。私はB。

 Bは南側にリビングがあるから明るいだろうけど、テレビが冷蔵庫の横っていうのは嫌。

 18畳もあるのに、どちらも スペースをうまく使えていないから、狭く感じるのかな？

 正方形のLDKってレイアウトが難しいと聞くけれど、本当だね。よい方法ないのかしら？

間取り A ✗

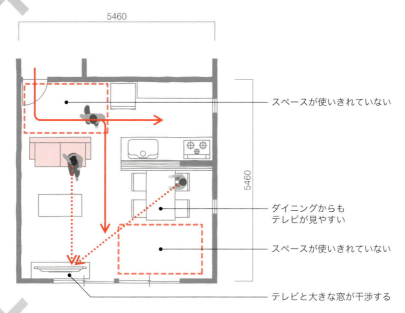

- スペースが使いきれていない
- ダイニングからもテレビが見やすい
- スペースが使いきれていない
- テレビと大きな窓が干渉する

間取り B ✗

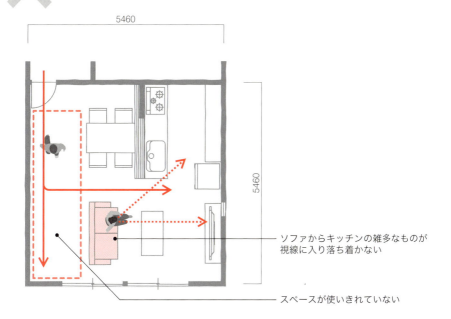

- ソファからキッチンの雑多なものが視線に入り落ち着かない
- スペースが使いきれていない

> 設計課長の診察室

正方形LDKは、あとひと空間組み込んで成立させる

　正方形に近い空間にLDKをレイアウトすると、必ず使いにくい空間が発生します。それはL、D、Kそれぞれの必要空間が正方形に近いから、結果として一つの正方形の空間が余ってしまうわけです。

　例えば間取りA・Bと同じ18畳でも、右図のようにすると、間口が3.64m、奥行は8.19mで18畳となります。その場合、リビングダイニングは間口3.64m×奥行5.9mの約13畳で、長方形の使いやすい形状になるので大変効率的です。**部屋の広さ（畳数）にとらわれずに、使いやすい形状にプランニングする**ことが重要です。

　間取りAでは出入口付近の空間が使いきれていません。テレビと掃出し窓の位置関係もよいとは言えません。ソファの周囲に通過動線もあって、落ち着かない配置といえます。間取りBはソファの後方の空間がうまく使えていません。テレビの設置場所が冷蔵庫の横で、テレビを見る際に、雑多なものが視線に入るのもよくありません。

　それに対して**間取りA・Bの処方箋**では、うまく使いきれなかった部分を**リビングとダイニングをつなぐ空間（畳コーナー）**として提案しました。また、キッチンカウンターを配膳台として使うのでなくテレビ置場として使うなど、新しいLDKのスタイルの提案もしています。LDKを計画する際に、対面キッチンありきでプランニングするのでなく、壁向きのキッチンにする、あえて閉鎖的にするなど幅広いバリエーションを模索する中で、LDKの新たな可能性に出会うかもしれません。

○ 間取りAの処方箋

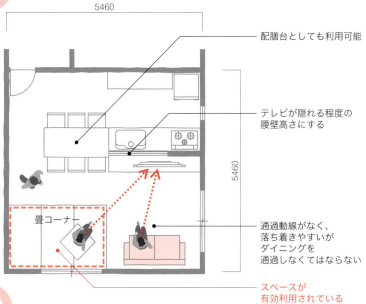

- 配膳台としても利用可能
- テレビが隠れる程度の腰壁高さにする
- 通過動線がなく、落ち着きやすいがダイニングを通過しなくてはならない
- スペースが有効利用されている

○ 間取りBの処方箋

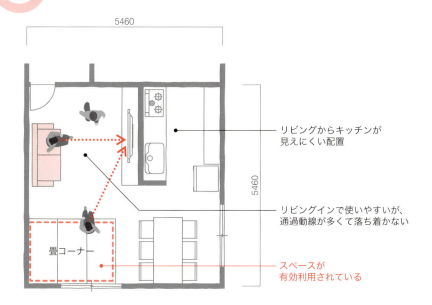

- リビングからキッチンが見えにくい配置
- リビングインで使いやすいが、通過動線が多くて落ち着かない
- スペースが有効利用されている

CASE 10
エアコンやカーテンを照らすだけのダウンライト

 ダウンライト中心のライティングが流行っているね。

 昔は部屋の中央にシーリングライトだけだったから、おしゃれになってきたね。

 気になった間取りがあったから、モデルハウスを見学したんだけど、照明で随分と印象が変わるものね。

 それが間取りAだね。照明の配置はだいたいこんな感じだったかな。

 リビングは部屋の中央と四隅にもダウンライトがあってよかったけれど、結構数が多く感じるわ。

 ダウンライトを中心にしてシンプルにするはずが、逆に賑やかな天井になってしまっているね。ダイニングの主照明はシーリングライトなの？

 そうなの。連続した空間だから違和感があったわ。それならリビングもシーリングライトで揃えたいわ。

 シーリングなら一つでいいけれど、ダウンライトって配灯方法が難しいね。すっきりと見せるには、どうすればよいのだろう。

間取り A

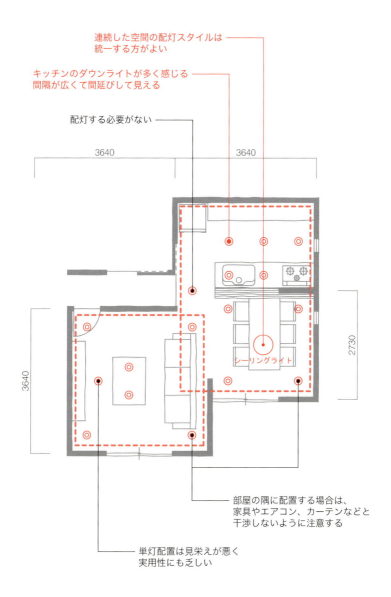

連続した空間の配灯スタイルは統一する方がよい

キッチンのダウンライトが多く感じる
間隔が広くて間延びして見える

配灯する必要がない

部屋の隅に配置する場合は、家具やエアコン、カーテンなどと干渉しないように注意する

単灯配置は見栄えが悪く実用性にも乏しい

04 L・D・K

> 設計課長の診察室

ダウンライトの間隔と通りを合わせて、穴を線に変える

　様々な用途があり、接客の場でもあるリビング（ダイニング）は、照明手法にもこだわりたいものです。以前は、部屋の中央にシーリングライトを取り付けただけでしたが、その後、補助照明としてダウンライトを使用しはじめ、今はダウンライトを主照明にして、それに加えてブラケット照明や間接照明などを使った、多灯分散方式も多く見られるようになりました。

　間取りAはダウンライトを中心としたライティングですが、ダイニングはシーリング照明を使っています。独立した空間であれば問題ありませんが、連続した空間では違和感があるので統一しましょう。また、リビング、ダイニングともに部屋の四隅にダウンライトが配置されています。主照明が届きにくく暗くなりがちな空間を照らす効果は期待できますが、結果的に建具・エアコン・カーテン・家具などをライトアップしてしまう良くない例もみられるので注意して下さい。

　間取りAは家具や動線に合わせて配灯しているようですが、テレビの前やキッチン横のダウンライトは必要あるでしょうか？　天井に不揃いに並ぶ17個ものダウンライトの穴はどう見えるでしょうか？

　処方箋では平面図でなく、天井伏せ図を基に配灯計画しました。間取りAではバラバラだったダウンライトの間隔と通りを合わせることで、天井面が美しくデザインできます。キッチンは手元を重点的に照らすこと。部屋領域が重複する部分には配灯しないことも重要で、部屋の隅に灯りが欲しい場合は、フロアスタンドや間接照明を併用して補充しましょう。一般に白熱灯（100W相当）のダウンライトで配灯する場合、6畳で4灯、8畳で6灯あれば十分です。処方箋ではそれらをまとめて配灯することで、天井に空いた17個の穴が5本の線に変化して、不快と感じることもなくなるでしょう。

間取り A の処方箋

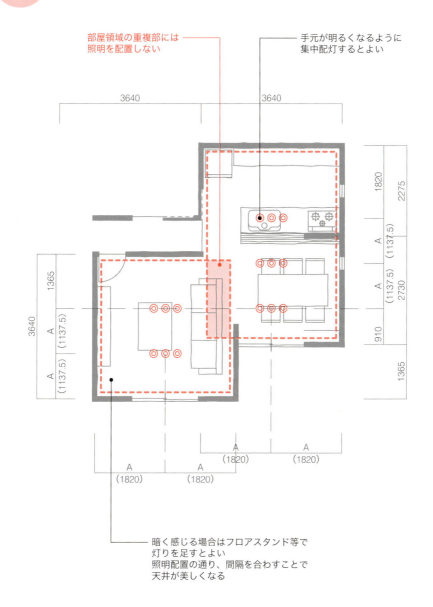

部屋領域の重複部には照明を配置しない

手元が明るくなるように集中配灯するとよい

暗く感じる場合はフロアスタンド等で灯りを足すとよい
照明配置の通り、間隔を合わすことで天井が美しくなる

04 L・D・K

チラシの間取り 10 ポイントチェック④

タイトル
「大型収納スペースを採用。子育てを楽しむ家」

05

寝室（主寝室、子供室）

CASE 1
ダブルベッドしか置けない主寝室

ベッドは何を使っているの？

私はシングルで、主人はセミダブル。それを並べて使っているよ。子供も間で寝ているの。

私のところはシングルベッド2台をナイトテーブルを挟んで置いているよ。

間取りAはどうだろう？　ダブルベッドでレイアウトしてあるけど、ダブルベッドを使っている人って多いのかしら。

そうね。チラシにある間取りはダブルベッドが多いように思えるけど、なぜだろうね？

シングルベッド2台に比べて幅が狭いから、間取りが作りやすく、部屋も広く使えるからじゃないの。

でも、このベッドの置き方では壁際の方は使いにくいな。それにこの部屋ではベッドを縦に置けないからシングル2台は無理そうね。

ダブルベッドの人はいいけど、私たちは困るわ。シングルベッドでも置ける間取りにならないかしら。

間取り A

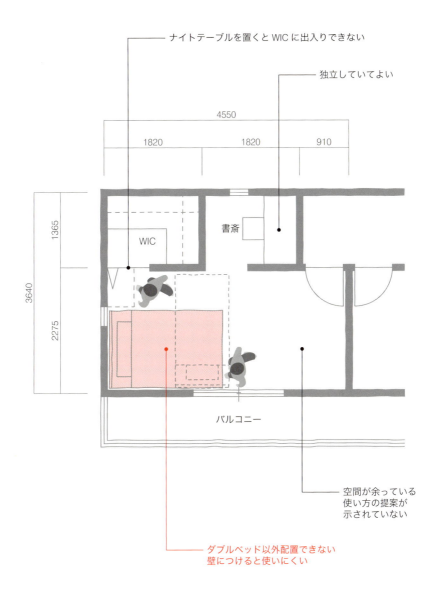

> 設計課長の診察室

ダブルベッドであっても
シングル2台の
スペースで考える

　ベッドの種類は多岐にわたります。今あるものを使うのか、新たに購入するのか、ベッドのサイズ、置き方はどうするのかなどを確認してから計画する必要があります。中でもダブルベッドは幅が約1.4mとシングルベッド2台並べる（約2m）よりもコンパクトであるため、狭い空間を効率よく利用するのには便利です。チラシの間取りにダブルベッドが多い理由は、一次取得者（初めて住宅を購入する方）にダブルベッドを使用する割合が多いからかもしれません。

　主寝室は就寝スペース（ベッド）、収納スペース（クローゼット、ウォークインクローゼット）、ワークスペース（デスク、書斎）から構成されます。寝室を計画する際は、主な機能である就寝スペースを充実させなくてはいけません。現在、ダブルベッドを使用していても、将来的にベッドのサイズやレイアウトが変わる可能性があるので、**ダブルベッドしか置けないような計画はすべきではありません**。

　間取りAでは寝室の付帯空間として、ウォークインクローゼットと書斎を備えていますが、ダブルベッドが壁に付けてレイアウトされていて、大変窮屈に感じます（ダブルベッドの両側は、各々がベッドに昇降しやすくするために**最低500mm空ける**ことを推奨）。その反面、ベッド足下には余裕があるなど、空間利用のバランスが悪い印象を受けます。処方箋では寝室の主機能である就寝スペースの充実を第一に考え、最低でも**シングルベッド2台を無理なく使える広さ**を確保しました。その分、収納スペース、ワークスペースに使える空間は狭くなりますが、通路幅を抑える（ベッド足下の通路幅は片側がベッドのため500mmあればよい）、**動線の効率化**を図るなどで、原案に比べて収納量は増え、同じサイズのデスクも置けるように工夫しました。

間取り A の処方箋

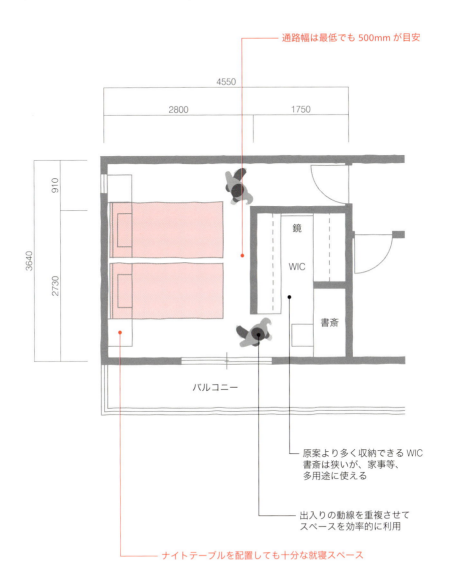

通路幅は最低でも 500mm が目安

鏡
WIC
書斎

バルコニー

原案より多く収納できる WIC
書斎は狭いが、家事等、
多用途に使える

出入りの動線を重複させて
スペースを効率的に利用

ナイトテーブルを配置しても十分な就寝スペース

CASE 2
子供部屋と壁1枚で隣接する主寝室

子供部屋は将来的に区切れればいいから、最初は一室で広く使えばいいと思う。

私もそれでいいと思うけれど、主寝室との関係はどうしたらいいのかな?

小さいうちは寝るのも一緒だから、つなげておいて、将来的に壁で仕切ればいいんじゃない?

そうね。今はカーテンで仕切る程度でいいわね。

間取りAはどうだろう。子供室Aが主寝室とつながっている。小さい子供用ね。北側にある子供室Bは、大きな子供用かも知れないね。

最初から収納があるから片付けやすくていいわ。下は将来的な間取りね。しっかり壁で仕切ってあるね。

でも壁1枚ってどう? やはりお互いのプライバシーのためにも遮音への配慮って必要じゃない?

後々簡単にリフォームできて、収納も充実。そしてプライバシーにも配慮できる仕切り方ってないのかしら?

間取り A

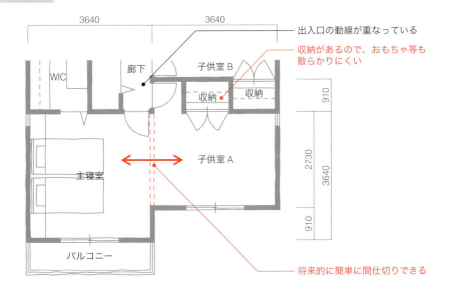

〈子供成長時〉

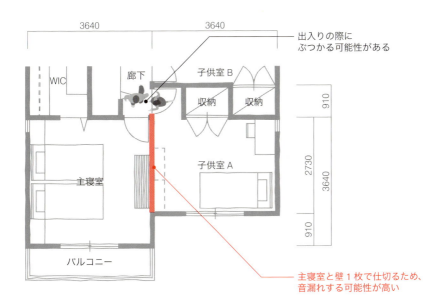

05　寝室（主寝室、子供室）

設計課長の診察室

壁一枚で隔てるのでなく
遮音壁(＋収納)が理想的

　親子の関係が年々変化していくのと同じく、主寝室と子供室の関係も変わっていきます。幼児期はほとんどを親と過ごしますので個室の必要はありませんが、少年期を過ぎると自室で過ごす時間が長くなってきます。今回話題となっているのは、将来的に誕生するお子様の部屋と主寝室の関係ですね。

　将来的な部屋といってもスペースだけあればいいのではなく、いざ部屋を分ける段階になって費用と手間が多くかからないように、事前に扉や収納を備えておきましょう。間取りAは、あとは間仕切り壁をつくるだけなので大変効率よく考えられています。ただ、話題になっているように、間仕切り壁1枚で仕切ることには抵抗があります。互いの会話や、音楽、電話、テレビなどの音が気になって寝付けないということもあるでしょうから、間仕切り壁は遮音上有効な壁とするか、部屋間に収納を挟むなど音漏れに配慮しましょう。収納の内容物と量によっては、思うほど遮音性能が発揮されない場合があるので、遮音壁と併用することをおすすめします。

　処方箋では将来的に部屋間に収納を挟むことを前提に計画しました。幼児期は間仕切りが必要ありませんが、収納が全くないとおもちゃなどの保管場所に困ります。そのため、事前に壁側の幅の狭い収納をつくっておいて、それにあてるように計画しました。リフォームする際には、後の収納を足せばよいだけなので難しくありません。また、主寝室と子供室、廊下の収納扉が狭い空間にかたまっていて、出入りの際にぶつかるなどの危険性があるため、子供室の扉を奥にして安全にも配慮しました。

　今回は、子供が幼児期から社会に出るまでの間取りの変化について考えましたが、子供が独立し巣立った後の時間の方が圧倒的に長いので、その時の自分たちの暮らし方と家の活用方法にも思いをめぐらしましょう。

間取りAの処方箋

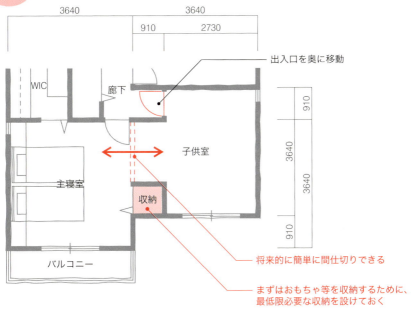

〈子供成長時〉

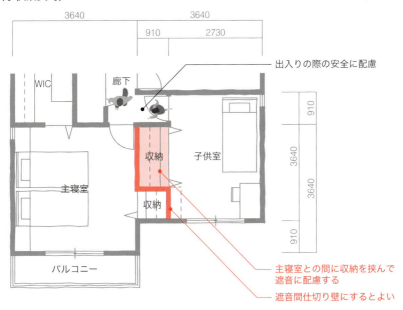

CASE 3
壁で仕切られた狭すぎる書斎

 家を建てるなら、狭くてもいいから書斎が欲しいな。

 書斎で何をするの。贅沢だし、使わないと思うよ。

 本がたくさんあるし、趣味の模型を作って、ディスプレイしたいし。音楽を聞きたいから、オーディオセットまで置ければいうことないけど。

 それなら私も欲しいわ。主寝室を使えばいいじゃない。

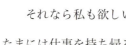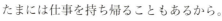 たまには仕事を持ち帰ることもあるから。

 本当に必要ならば考えなければならないけど、間取りAの書斎ではだめなの？

 最低でもパソコンの置ける机とプリンター、本棚が必要だから。間取りAでは閉じ込められている感じがする。間取りBなら何とか使えそうだけど。

 Aで狭いの？ もっと収納を広げたいくらいなのに。寝室に机を置いて書斎スペースにして欲しいわ。

 子供に個室があるように、狭くてもいいから好きに使える個室があれば嬉しいな。

間取り A

間取り B

> 設計課長の診察室

仕事は独立書斎で、趣味は書斎スペースで考える

　書斎が必要な理由はそれぞれです。SOHOなどで自宅を事務所として使う場合、会社から仕事を持ち帰ることが多い場合は、仕事の場としての自室が必要となるでしょう。それ以外では、一人だけの時間を過ごすことでリラックスしてストレス発散につながるという理由で、音楽や読書などの趣味の場としての空間が必要という場合が考えられます。家族で過ごす時間は大切だけれども、子供がテレビやゲームを楽しんでいる横で、読書などに集中するのは難しいでしょうから、自分の居場所としての書斎は必要かもしれません。

　間取りAは1.5畳とかなり狭い空間を扉で仕切っています。机があるだけで本棚の場所にも困ります。間取りBでは子供室と主寝室の扉の位置を変えることで、書斎の奥行を広くしました。さらに、ウォークインクローゼットの間口を最適化することで書斎を広くしましたが、別室ではありません。

　改善案①では、**仕事の場**として使うことを前提に、**書斎の出入口の位置を変更**しました。夜遅くまで作業する場合、寝室にキーボードやプリンターの音が響き、扉を開閉するたびに光が漏れるなど、就寝の妨げになるので、その場合は寝室の付帯空間ではなく、**独立した空間**にした方がよいでしょう。**改善案②**は、**書斎の使用頻度が低いと想定される場合**です。WIC兼書斎として利用することで**空間の効率利用**が図られます。書斎の雰囲気を重視する方には難しい案ですが、WIC内にあることで家事室の用途としても利用しやすいなど汎用性があります。夫婦それぞれ趣味の品をクローゼットや納戸に仕舞いこむのではなく、眺めて楽しめる空間があるだけで心に余裕が持て、寝室も片付きやすくなります。それぞれが使える机と椅子、飾れる壁面があるだけでも書斎スペースとなりえます。

間取りA・Bの処方箋

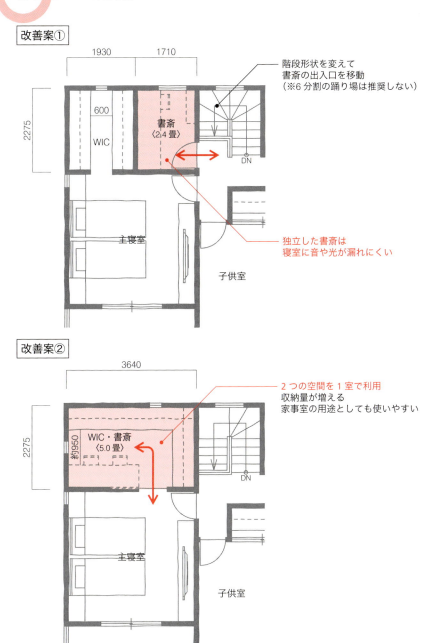

05 寝室（主寝室、子供室）

CASE 4
分割すると収納に困る子供部屋

子供部屋だけど、子供が小さいうちは部屋を分ける必要がないから1室で使って、大きくなったら二つに分けられる。そんな間取りがいいね。

間仕切りがないと床が広く使えて、子供たちも遊びやすいからいいわ。

間取りAはどうかな？　真ん中で二つに分けられるように計画されているけど。

1室で使う時のレイアウトはあるけれど、分けた時はどうなるのかしら？　左側の部屋に収納がないのも気になるわ。

そうね。分けたときのレイアウトを考えてみようか。部屋の間口が狭いから、ベッドと机は一列に並べるしかなさそうね。

右の部屋は奥行が広いからいいけど、左の部屋は収納を追加すると、椅子に座れなくなるかも。

将来分ける予定の子供部屋。子供が家を巣立つまで使うのだから、心身の成長も考えて計画しなくてはね。

間取り A ✕

1室利用時

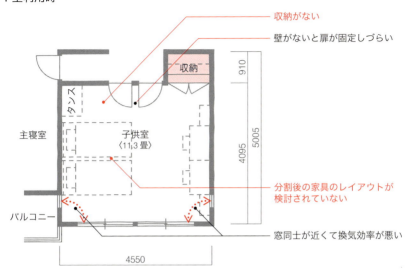

分割後のレイアウト

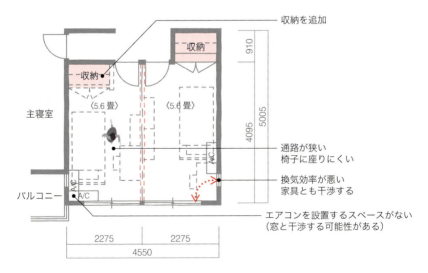

設計課長の診察室

間口5m以上で収納はあらかじめ作っておく

　子供が幼い頃は1室で、成長すれば分けて使用する。子供室によくある要望です。今回も、将来子供室を分割できるように扉や窓の配置が考えられています。ベッドと学習机に囲まれた床は、座って遊ぶスペースとしても利用できるなど1室利用時は広く使えそうですが、左の部屋には収納がありません。部屋を分割した後の家具のレイアウトはどうなるのか不明です。

　机奥行を0.6m、ベッド幅を1mとして、**間取りA**にレイアウトしてみましょう。左の部屋は机とベッドを対面して並べましたが、その間は0.5m程度しか空きません。通りにくく椅子も引きにくいため、子供の成長を考えると推奨できません。このレイアウトであれば、**処方箋**のように間口2.5m（5.0m）は必要です。右の部屋も同じ間口ですが、奥行に余裕があるので、机とベッドを一列に配置すれば納まります。

　今回の収納計画は、1室分を先に作って、部屋分割の際に収納を追加する方法ですが、他にも、①予め各室に収納を備えておく、②間仕切り壁の代わりに収納で分割する（1室利用時は収納なし）、③可動間仕切り収納を利用するなどがあります。子供の数、性別、年齢差によって部屋の分け方やタイミングは異なりますが、子供の持ち物の総量は年齢による変化が少なく、物の内容が変わる（おもちゃ→本、ゲーム）とされるので、①③のように予め人数分の収納を作っておくことを推奨します。その他、エアコンの配置や換気にも配慮が必要です。中央の部屋は外気に面する場所が限られるため、エアコンが窓上に納まらなければ配管に苦慮して美観も損ねます。2面開口といっても窓同士が近いと部分的な換気に留まりますので、注意しましょう。

間取りAの処方箋

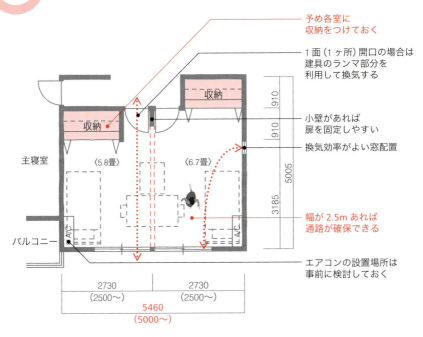

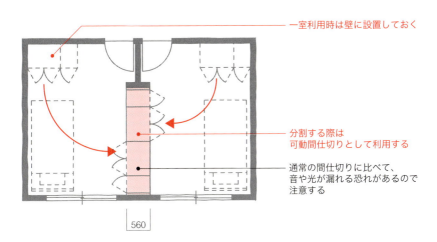

〈可動収納間仕切りを利用した場合〉

CASE 5
ベッドが置けない子供部屋

私の部屋はここにしよう。クローゼット込みで6.2畳もあれば今より広いわ。

レイアウトは自分で考えればいいわ。ベッド、学習机、本棚、他に何を置くのかな？

そう言わないで、ベッドはどこに置けばいいのか一緒に考えてみようよ。まずは間取りAの場合ね。

そうだね、では考えてみようか。ん？　ヨコにすればバルコニーに出られないし、タテにすれば収納扉が開けられない。

本当だ！　使えないじゃない。間取りBはどうかな？

ヨコにするのはダメだけれど、タテなら大丈夫。でも机のスペースが狭そう。今使っているものが入るか確認しなくっちゃ…。

同じ部屋の広さでも収納の位置によって使い勝手がずいぶん変わるのね。事前にレイアウトを検討することって重要だね。

❌ 間取り A

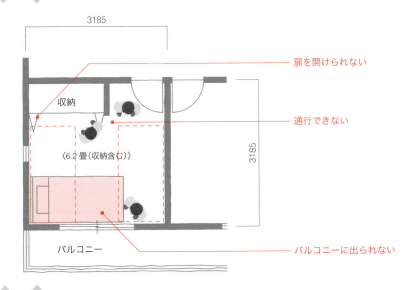

❌ 間取り B

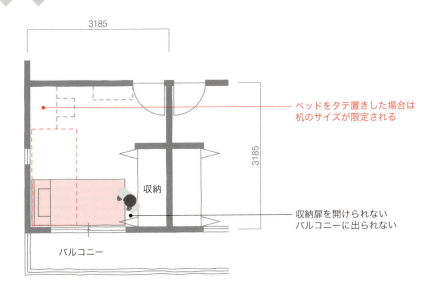

> 設計課長の診察室

ベッド、机、収納、出入口の バリエーションで 評価する

　子供室は就寝だけでなく、子供にとって学びの場であり、遊びや寛ぎの場でもあるなど、多くの機能が必要な場所でもあります。また、成長とともに物が増え、自室で過ごす時間も増えることから、収納の拡張性やプライバシーにも配慮する必要があります。

　子供室は6畳程度を希望されることが多いのですが、同じ広さであっても、部屋の形状はさまざまです。また、同じ広さで同じ形状の部屋であっても、出入口の位置、バルコニー（掃出し窓）の有無、クローゼットの配置によって、ベッドや学習机のレイアウトが変わってきます。事前にレイアウトの検証をしないまま計画を進めれば、最悪の場合、**間取りA**のようにベッドさえ置けない子供室が完成してしまいます。**間取りB**の場合は、ベッドはタテに置けても学習机のサイズが限定されます。机を出入口横に置けば通路が狭くなってしまいます。

　間取りAの処方箋は、ベッドが少し奥まった配置となります。ベッドメイキングがしづらく、掛け布団が掃出し窓と干渉するなど問題はありますが、**学習机の配置に余裕があり**、間仕切り壁の前に本棚等を並べて置けるなど、**収納スペースの拡張性**にも優れています。部屋の中央部に空間があることで部屋の広さも感じられる配置です。**間取りBの処方箋**は、**隣室間に収納を配置**しました。収納の間口が狭く収納量が少ないことがデメリットですが、廊下側の壁を収納スペース等として広く使えること、学習机の配置や部屋の中央部にゆとりがある等メリットもあります。収納を可動収納にすると将来的に2室を1室に戻すことも容易です。特に子供室は部屋の広さに対して、家具の占有率が高い空間でもあるので、必ず事前に家具レイアウトを検証しましょう。

間取り A の処方箋

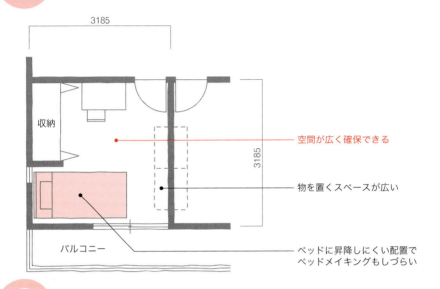

間取り B の処方箋

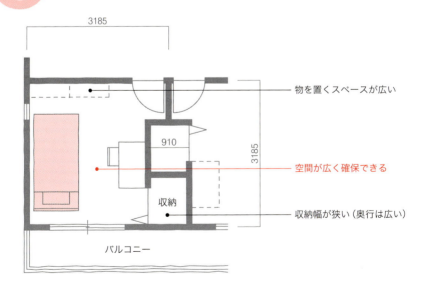

05　寝室（主寝室、子供室）

チラシの間取り10ポイントチェック⑤

タイトル
「ママにうれしいたっぷり収納ハウス」

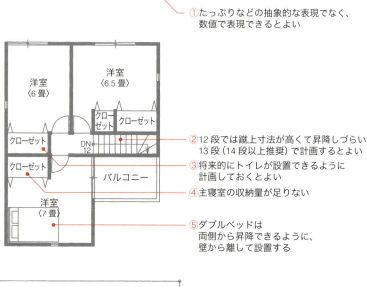

①たっぷりなどの抽象的な表現でなく、数値で表現できるとよい

②12段では蹴上寸法が高くて昇降しづらい 13段（14段以上推奨）で計画するとよい

③将来的にトイレが設置できるように計画しておくとよい

④主寝室の収納量が足りない

⑤ダブルベッドは両側から昇降できるように、壁から離して設置する

⑥6人掛け食卓を配置できるように計画したほうがよい

⑦洗面室に収納スペースがない

⑧大型テレビの配置場所に困る 和室の奥で暗いリビング

⑨トイレ扉と人が衝突する危険性が高い

⑩玄関、ホールともに奥行が狭い 階段もあって動線が集中するので余裕が必要

延床面積	89.43m²
1階床面積	47.20m²
2階床面積	42.23m²

06
納戸・ウォークインクローゼット

CASE 1
広さの割に収納できないWIC

 WICって便利なのかな？ みんな衣類の他に何を収納しているのだろう？

 私なら季節の家電とかタンスを収納すると思うわ。

 私は部屋に婚礼タンスを置いているけれど、地震で倒れたら危険なので収納しておけば安全ね。

 間取りAのWICは衣類を掛けて収納するタイプね。棚の上には軽い物、下には引出しBOXも置けそうね。

 でも入口から奥までが遠いわ。間取りBのようなクローゼットなら扉を開ければすぐに服が取り出せるのに。

 部屋の中に通路があるか、WIC内に通路があるかの差ね。それなら部屋が広く使えるクローゼットがいいわ。

 でも、掃除機など軽くて動かしやすい物はWICの壁に立てかけておけるけど、部屋にあると片付きにくいわ。

 WICは確かに便利だけれど、物を入れすぎて取り出しにくくなったり、逆に使い切れなかったりしそうだわ。収納効率のよい間口、奥行が知りたいわ。

間取り A ✗

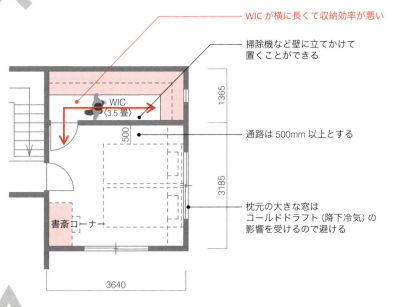

- WIC が横に長くて収納効率が悪い
- 掃除機など壁に立てかけて置くことができる
- 通路は 500mm 以上とする
- 枕元の大きな窓はコールドドラフト（降下冷気）の影響を受けるので避ける

間取り B △

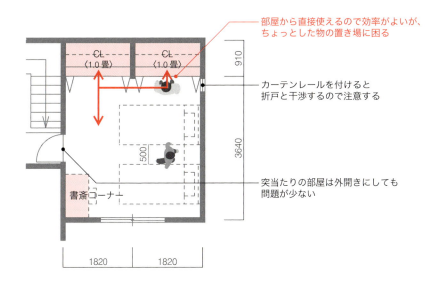

- 部屋から直接使えるので効率がよいが、ちょっとした物の置き場に困る
- カーテンレールを付けると折戸と干渉するので注意する
- 突当たりの部屋は外開きにしても問題が少ない

06　納戸・ウォークインクローゼット

> 設計課長の診察室

広さよりも空間を使い切る収納計画が重要

　主寝室の付帯空間として、WICを希望される方が多くおられますが、広さに対して、収納できる量が見合わない例も多く見かけます。

　間取りAのWICは出入口が端部にある、間口1.365mの奥に長い形状です。デメリットは会話にあるように端の物が取り出しにくいこと、通路の片側にしか収納棚が設置できない効率の悪さですが、アイロン台や掃除機など頻繁に使うもの（動かしやすく厚みがないもの）はWICの壁に立てかけておけるので、部屋が片付きやすくてすっきりと見えるメリットも考えられます。間取りBはクローゼットスタイルにした例です。クローゼットは部屋から使えるので省スペースで、部屋が広く使える（見える）メリットがありますが、床に物を置けるスペースがないため、部屋が散らかりやすくなるデメリットが考えられます。間取りCは、WICの間口を極力広く確保できるように、ベッド配置を工夫した例です。有効間口は1.6m程度なので、両側に0.6mの棚板を付けると通路が狭くなるため、片側は0.45mの棚板とするか、容易に動かせる収納BOXなどの設置を推奨します。

　一般にWICの開口が1.82mあれば両側に棚板（0.6m＋0.45m）が設置できます。0.45mの棚はボトムス用ですが、パイプをつける位置を工夫すればトップス用として利用できます。片側もしくは両側にタンスを置く場合は2.275mあればいいでしょう。洋タンス前に0.85m、整理タンス前に1.0mを目安に通路（作業）幅を確保しましょう。

　一般に、成人一人当たりに必要なハンガーパイプに掛ける収納の長さは3mとされますが、最も大切なことは空間を余さず使い切る収納計画を立てることです。

間取り C

間口別の収納例

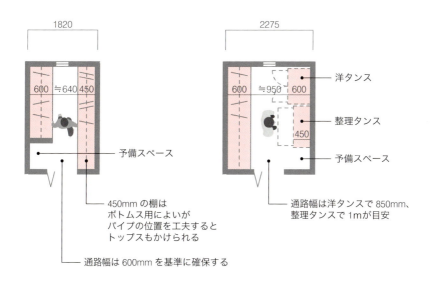

CASE 2
タンスを出し入れできない納戸

間取りAの納戸、タンスの出し入れできるかしら？

階段のところが曲がりにくいし、寝室の扉からは絶対に入らない。

廊下の幅を広くするのはもったいないけれども、せめてタンスの出し入れが可能なように改善しなくてはね。

単純に、納戸の廊下側に建具を追加すればいいんじゃない？ 寝室の扉はそのままでも便利そうだし。

確かに廊下側に扉が必要ね。間取りBのようにしておけばスムーズにタンスが出し入れできそうね。

そうだね。少し斜めにしないと入らなそうだけど、何度も出し入れしないから、これでいいよね。

それなら階段の正面に引戸をつけたら、真っ直ぐに入れられるから、そのように変更しようかな。

せっかくタンスのサイズを気にして作った納戸。他に気を付けるポイントはないのだろうか？

間取り A ✗

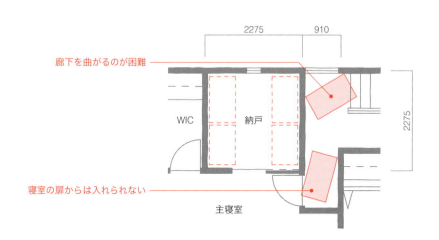

間取り B ✗

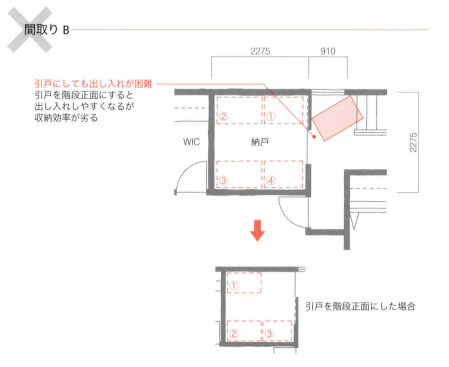

06 納戸・ウォークインクローゼット

> 設計課長の診察室

納戸の引違い戸は、中央よりも端に寄せて設置する

　いざ搬入しようとするとタンスが入らない、ピアノが入らない、洗濯機までもが…とよく聞く話ですが、絶対にあってはならないことです。**間取りBの引き戸の配置が課題にあがっていますが、最も収納効率がよい配置は、通路となる部分に建具を配置することなので、タンスの搬入さえ可能であれば間取りBで問題ありません**。階段の正面に建具を変更すれば、タンスの出し入れはスムーズにできますが、本来なら4棹収納できるタンスが3棹しか収納できなくなるデメリットがあります。寝室側に扉を設置する場合も、利便性だけでなく収納効率を検討することが必要です。

　一般に引違い戸は、建具の取り外しが容易にできるので、納戸のような大型のタンスなどを収納する空間の出入口によく使われます。確かに、タンスの搬出入時にはとても便利ですが、常時取り外して使うわけではないので、日常的に人の出入りが容易かどうかもよく考える必要があります。

　改善案①は中央に引違い戸を設置した場合です。出入りのための十分な幅が残されていないことがわかります。横歩きでの出入りは可能ですが、荷物の出し入れには困難が予想されます。**改善案②は引違い戸を端に寄せて設置**した場合です。タンスの搬入後も人の出入りに十分な幅が残されています。このように、引戸を引違い戸に変更するだけでなく、その配置も検討することでより使いやすくなります。

　さらに、納戸とウォークインクローゼット間に建具を付ける（開口だけでもよい）と、収納効率を損うことなく、より使いやすい収納空間となるでしょう。

間取り A・B の処方箋

改善案①

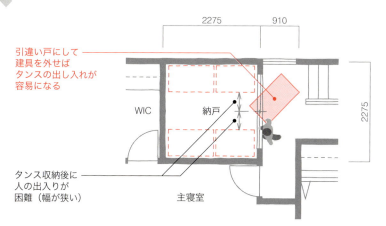

改善案②

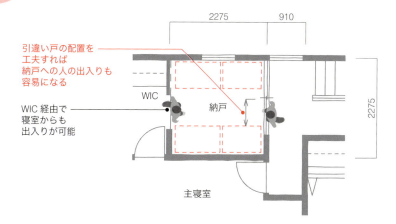

チラシの間取り 10 ポイントチェック⑥

タイトル
「吹抜けリビングとウッドデッキで楽しい団らんを育む家」

① ダブルベッドしか置けない
シングルベッド 2 台が
配置できるように
部屋の形状を見直した方がよい

② プライバシーの関係からも、
子供室側にベッドヘッドを
向けないようにする

③ 随所に収納があるのはよいが、
納戸などの大型収納がない
吹抜けを収納に置き換えた
プランも考えておくとよい

④ 冷蔵庫、食器棚のレイアウトを
記載する

⑤ トイレがリビングから遠い
和室またはキッチンを通らないと
使えない配置は、
お客様には使いにくい

⑥ 階段下収納は縦から使うより
横からの方が使いやすい

⑦ 吹抜けの下部が通路になっている
ソファの配置を工夫して
リビングを広く使える提案にしたい

⑧ 半畳畳の周囲の畳を卍に敷くのは
絶対に避ける
2WAY 動線の和室は
スリッパの脱ぎ履きに困る

⑨ 玄関正面の窓は
演出効果と明るさも期待できるので
大きくしてもよい

⑩ 車だけでなく、自転車置き場も
図面に落とし込んで計画したい

延床面積	115.09m²
1 階床面積	61.27m²
2 階床面積	53.82m²

07
バルコニー・エクステリア

CASE 1
1回分の洗濯物が干せないバルコニー

 バルコニーは主に何に使いたい？

 まずは洗濯物の干し場に使いたいわ。余裕があれば庭の代わりにも使いたいけど。

 私もそうだわ。でも洗ったけど干す場所がないでは困るから、1回分の洗濯物は干せる広さが欲しいわ。

 1日1人分の標準的な洗濯物の量は1.5キロらしいから、4人家族で6キロ分。

 それに、まとめ洗いや大物洗いの場合もあるから、10キロくらいは干せるようにしなくちゃだめだね。それを物干し竿に掛けると竿の長さは…？

 竿の長さね…私もよくわからないわ。この間取りのバルコニーはどう？ 間取りAも間取りBも長さは3.5mくらいあるけれど奥行が狭そう。

 そうね、長さはいいとして奥行が大丈夫かしら。今、物干し竿を2本使っているけれど、使えるかな？

 1回分の洗濯物が干せるバルコニーの幅と奥行きはどれくらいあればいいのだろう？

間取り A

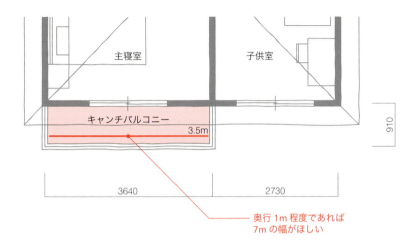

間取り B

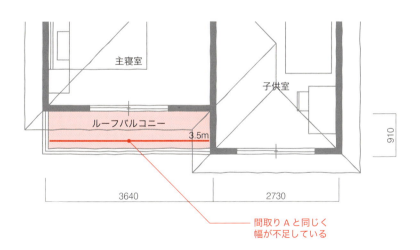

07 バルコニー・エクステリア

> 設計課長の診察室

3.5mの物干し竿 2本使える広さで 設計する

　最近は室内干し中心の方も増えてきましたが、今も多くの方がバルコニーを物干し場として利用しています。今回問題となっているのは、1回分の洗濯物が干せるバルコニーの広さです。間取りAと間取りBでは、バルコニーの種類は違っても、幅3.64m×奥行0.91mと全く同じ広さです。

　まず必要な幅から考えてみましょう。一般に10キロの洗濯物を1度に干せる物干し竿の長さは7mくらいでしょうか。7mの物干し竿はないので、3.5m×2本で考えると幅3.64mのバルコニーはぎりぎり使える幅であるといえます。では奥行はどうでしょうか？　ベランダの壁から0.3m離して、物干し竿を0.3mの間隔で2本設置して、主寝室側を通路として0.6m開けると合計で1.2mとなるので、奥行が1.365mあればぎりぎり使えます。0.91mでは不足します。

　処方箋では、3.5mの物干し竿が2本使えて、急な雨降りでも洗濯物が濡れにくいように考えました。間取りAの処方箋ではキャンチバルコニー（張り出したバルコニー）を延長して6.37mにしました。7mには足りませんが幅に余裕が出ます。また、主寝室奥行を調整してロッジアバルコニー（半屋外型バルコニー）にしました。奥行は1.365mなので物干し竿を2本掛けることができます。子供室からの出入りも可能になりました。間取りBの処方箋ではルーフバルコニー（下階屋根上のバルコニー）の先端にキャンチバルコニーを足して、奥行きを改善しました。バルコニー出隅に柱を建てることでロッジアバルコニーになり、屋根形状をシンプルに整える作用もあります。ロッジアバルコニーは洗濯物の雨対策だけでなく、寝室に雨風が吹き込みにくくなり、直射日光の制御もできるなどの効果も期待できます。

間取り A の処方箋

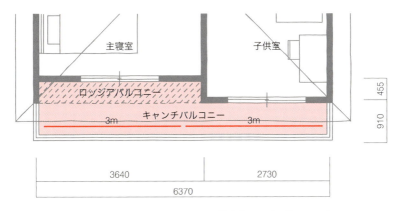

・キャンチバルコニーを子供室前まで延長（幅6.37m）
・主寝室前の奥行は1.365m
・子供室からも出入り可能となる

間取り B の処方箋

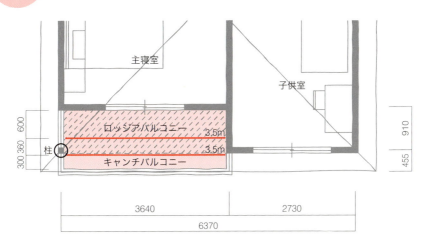

・ルーフバルコニー前にキャンチバルコニーを追加（奥行1.365m）
・ロッジアバルコニーにすることで屋根形状がシンプルになる
・洗濯物が雨に濡れにくい

07 バルコニー・エクステリア

CASE 2
道路から玄関がわかりにくい

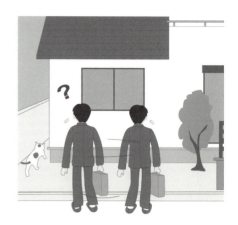

道路面の明るい南面は部屋として有効に活用したいわ。

間取りAの玄関がもったいないってことね。

そうなの。玄関を西側にしたら南面のリビングが広くなると思うんだけど。

間取りBのパターンね。確かにリビングが広くなるね。和室の押入れがリビングとの間に移動しているのはどういう理由？

和室は寝室用途だから、リビングとの遮音にちょうどよいと思って。また、そうすることで入口が玄関から近く、リビングへも便利になるしね。

でもBはアプローチが狭いよね？　外から玄関の場所がわかりにくいけれど、初めての方は入ってこられるかしら？

そうか、それは困るね。それに防犯上もあまりよくないかもしれないしね。西側の玄関は諦めた方がよいのかな？

間取り A

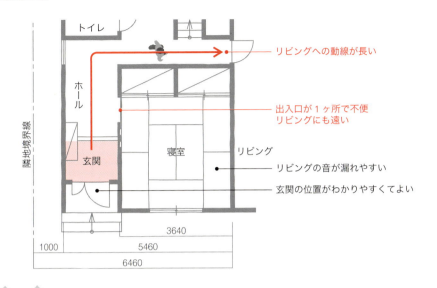

間取り B

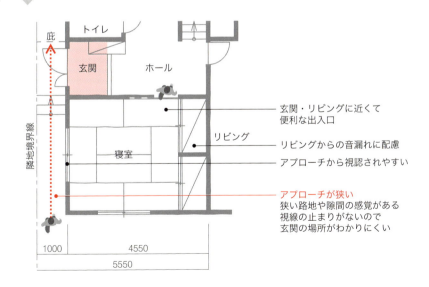

07　バルコニー・エクステリア

> 設計課長の診察室

外から見えない玄関は視線を止めてアプローチを工夫する

　南面を居室として有効活用したいとのことですね。**間取りA**の玄関位置は南側接道の一般的な配置で悪くはありません。ただ、広いホールとリビングへのアクセスがもったいなく思う方もおられるでしょう。和室が寝室用途の場合、リビングとの音の問題、和室からリビングへのアクセスも不便なので、それらを改善する必要がありそうです。**間取りB**では、要望通り西側に玄関を配置しています。それによりリビングへの動線が短くなり、収納位置を変更することで、音の問題やリビングへのアクセスの不便も改善されました。リビングも南に広くとれそうですが、①アプローチの幅と、②道路からの玄関扉の視認性の課題が残ります。①は幅だけでなく場所も問題です。この場合、アプローチの先には給湯機やクーラーの室外機などが見えるかもしれません。自宅のものは隠せても、周囲の家のものは制御できません。②は玄関扉を開けた際に、室内が見通せる配置はよくないですが、玄関は道路から視認される方が防犯上も有効です。

　改善案①では隣地境界線からの離隔を1.91mに変更して、アプローチ幅を改善しました。**間取りB**よりリビング幅は狭くなりますが、**間取りA**と同じ幅で、リビングとの間に収納が設置されたメリットがあります。ただし②の課題は改善されていません。**改善案②**ではアプローチの先に視線の止まりを設けました。庇も入隅に美しく納まり、アプローチの始点を道路側に下げることで、玄関に誘導しやすくしました。

　玄関扉を止むなくまたは意図的に建物側面に設置する場合は、アプローチに止まりをつくるなどして、玄関らしさを演出しましょう。

間取りA・Bの処方箋

改善案①

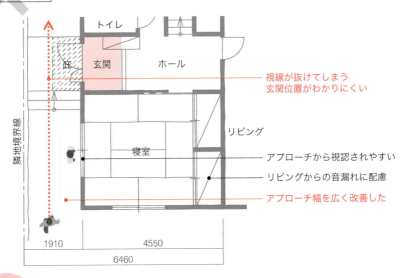

改善案②

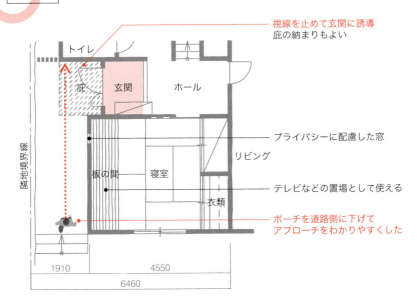

CASE 3
リビング掃出し窓の前がアプローチ

間取りAは、敷地が狭いから仕方ないけど、==アプローチが真っ直ぐなのが残念==だわ。

今のままでは、==玄関開けたら外から家の中が見えてしま==うね。曲がって入ることができればいいのに。

間取りBのようにすればどう？　ポストや表札を付ける壁を少し高くすれば家の中が見えないよ。

それはよい考えだわ。カッコよさそうだし、車の出し入れにも支障がなさそうだから…。でも==リビングの窓==があるよ。

本当だ。それにこの窓は掃出し窓かな？　その前が玄関アプローチだなんて嫌だわ。

そうね。==ゆっくり寛げないし==、たぶんカーテンも閉めたまま。それなら、窓を横長にして上の方に付けた方がいいよ。

でも東側も西側もほとんど空いていないから、リビングにはそれなりに大きい窓が欲しいね。どうにかならないかしら。

間取り A

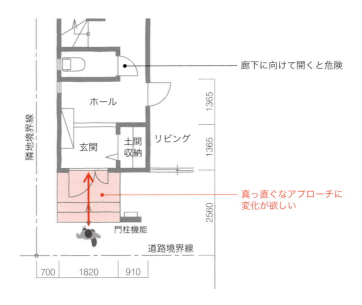

間取り B

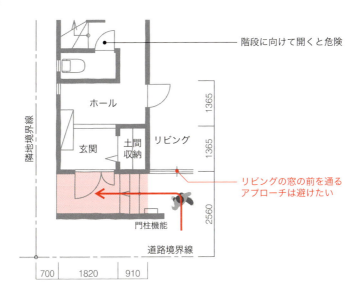

> 設計課長の診察室

アプローチはプライバシー重視で考える

　アプローチの設計は道路からの空き寸法や、高低差、駐車、駐輪スペース等との関係により色々な手法がありますが、門扉と玄関扉を同一線上に合わせないこと、距離を長く取って奥行き感を出すこと、シンボルツリーやアイキャッチとなる低木等と合わせて緑豊かな空間を演出すること、これらは最低限心掛けて設計しましょう。

　間取りAは、アプローチが直線で距離も短いですね。駐車スペースや車の切り返しに必要な寸法との関係で、ポーチや門柱を納めることさえ苦慮する場合もありますが、少しでも変化を付けてみたいものです。このままでは玄関扉を開けると、道路面からでも家の中が見通せてしまいます。間取りBは、玄関扉前に門機能を配した壁を付けることで、玄関のプライバシーを改善していますが、リビングの窓前をアプローチにすることで、リビングのプライバシーが損なわれています。

　改善案①では、玄関の間取りを変更（土間収納と玄関を反転）し、隣地境界側からアプローチすることにしました。隣地との境界に壁を建ててアプローチらしさを演出しましょう。間取り変更によるデメリットはありません。改善案②では、改善案①の土間収納があった場所をポーチにすることで、玄関扉を西向きに設置しました。そうすることで玄関前の壁が不要になりました。土間収納の代わりにホールには収納を設けています。門柱機能の後ろは自転車置き場やシンボルツリーを植えることもできます。

　このように使える空間が狭くても、エクステリアと間取りと合わせて検討することで、アプローチの選択肢は広がります。敷地が狭い時こそ内外トータルで考えることが重要となります。

間取りA・Bの処方箋

改善案①

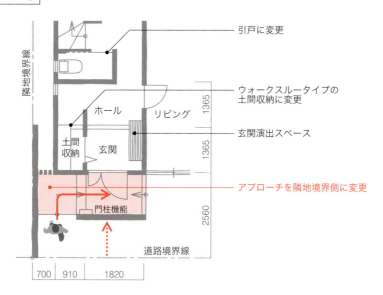

改善案②

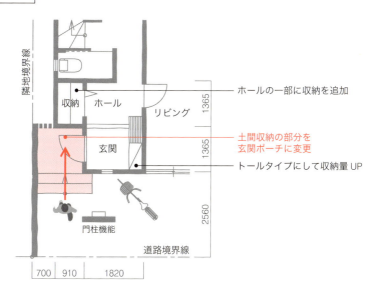

CASE 4
助手席からしか乗り降りできない駐車スペース

　新しい家の駐車スペースは何台にする？

　今は仕事用の車が1台だけれど、家に軽自動車があるといいから、最低でも2台分だね。

　そうね。私用の駐車スペースは止めやすいようにしてね。

　駐車の方法だね。縦に2台だと自由に出入りできないし、建物と平行に止めるのは難しそうだから、普通に直角に2台止めるのがいいかな。

　間取りAの駐車スペースはどう？ L字型にしているけれど、軽自動車の出入りが難しそうね。自転車を置くとアプローチが狭くなるのも気になるわ。

　カーポートを付けると、その下を通って家に入ることになるし、それにこのままでは2台とも助手席からしか出入りできないな。

　本当だわ。間取りBはどうかしら？ 幅が5mもあるから問題なさそうに見えるけど…。

　間取りを考える際は、車の止め方や自転車置き場も考慮しておかないといけないね。後で簡単に広げられないから。

間取り A ✗

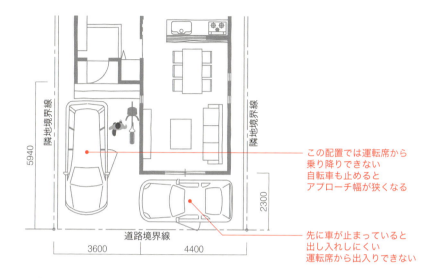

この配置では運転席から
乗り降りできない
自転車も止めると
アプローチ幅が狭くなる

先に車が止まっていると
出し入れしにくい
運転席から出入りできない

間取り B ✗

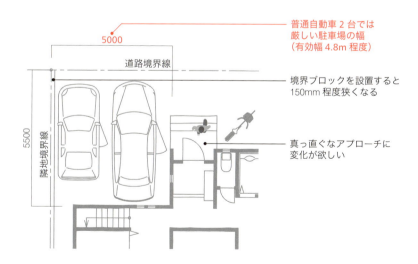

普通自動車2台では
厳しい駐車場の幅
(有効幅4.8m程度)

境界ブロックを設置すると
150mm程度狭くなる

真っ直ぐなアプローチに
変化が欲しい

設計課長の診察室
平行駐車時の標準奥行は 2.7m、最少は 2.2m

　一家に車を2台所有することが多くなり、間取りを作成する際も、それが前提となってきました。狭いと出し入れしづらく、広すぎるともったいない。自動車の種類や大きさ、使い方によって駐車スペースの形態は様々に考えられます。**間取りA**はどうでしょうか？　直角駐車の幅3.6mで奥行5.94m。平行駐車の幅8mで奥行2.3mです。個々には問題なさそうですが、①2台とも運転席から出入りできない、②普通自動車があると軽自動車を出し入れしにくい、③普通自動車にカーポートを取り付けるとその下が玄関アプローチになって見栄えが悪いなどの課題が考えられます。**間取りB**はどうでしょうか？　幅5m、奥行5.5mの駐車スペースですが、境界ブロックや外壁厚などで実際は0.2m以上幅が狭くなると想定されます。有効幅4.8mで大丈夫でしょうか？

　では、それぞれの課題を右頁に沿って考えていきましょう。**間取りA**の課題①は普通自動車は右に寄せると解決しますが、それでは軽自動車を駐車できなくなります。課題②は、L字型駐車の基本寸法は幅8mで、直角駐車側奥行も8m必要となるので、そもそも寸法が不足しています。課題③は玄関前だけでなく、リビング前への設置も避けたいところです。

　間取りBですが、普通自動車2台の並列駐車時の推奨幅は5.4mなので、0.6m不足します。助手席から乗り降りしないとしても0.3m不足します。普通自動車2台では余裕がないため、1台は軽自動車が前提になりそうです。

　このように、駐車スペース等の外部空間に無理がある事例が散見されます。使いやすくリフォームしたくても、家の間取りや配置も変更する必要があり、それはほぼ不可能です。間取り作成時には駐車スペースもその一部と考え、使い勝手とそれに必要な寸法を確保する必要があります。

駐車スペースの基本寸法

直角駐車の場合

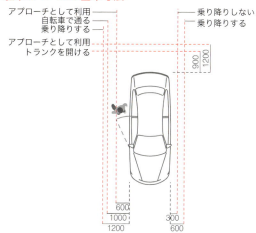

平行駐車の場合

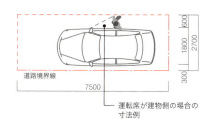

L型駐車の場合

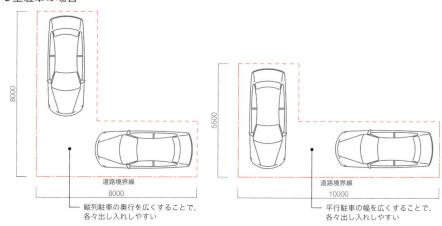

チラシの間取り10ポイントチェック⑦

タイトル
「主寝室が広い、子育てに便利な5LDKの家」

① 屋根形状が複雑化するので望ましくない（面積を4.5畳で合わせるためか？）

② 枕元の開口部にはコールドドラフト（下降気流）対策が必要

③ 下屋となる範囲を記載する

④ 中央の半畳畳は忌み嫌われる場合があるので気をつける

⑤ 6人掛けの食卓が置けるように計画したほうがよい

⑥ 空間が効率的に活用されていない

⑦ 窓のない洗面室には必ず換気扇をつけること

⑧ 収納スペースがない

⑨ 玄関正面のトイレ扉は見栄えが悪い　引戸は音漏れしやすい

⑩ リビングへの通路が狭い

延床面積　109.30m²
1階床面積　59.62m²
2階床面積　49.68m²

08

外観

CASE 1
単純で面白くない屋根、複雑で雨漏りする屋根

どんな形の屋根が好み？

　私は昔からある切妻屋根か寄棟屋根が、飽きがこなくていいと思うわ。

最近は片流れの屋根とか、フラットな屋根が多いように感じるけど。なぜだろう？

　太陽光発電をのせる家が多くなったし、四角い家や尖った屋根がおしゃれに見えたりするからじゃない？

なるほど、片流れ屋根と太陽光の関係やデザイン性ね。でも、いろいろな屋根が入り混じった複雑なものも多く見かけるわ。

　そうね、複雑な屋根がかっこよく見えるからかな？ 雨漏りが心配だけれどね。

屋根Aは切妻屋根ね。オーソドックス過ぎて面白みにかけるわ。屋根Bは寄棟屋根ね。これは少し複雑ね。

間取りを優先しがちだけれど、屋根によって家の印象が大きく変わるから、それも頭に入れて計画していく必要がありそうね。

屋根 A

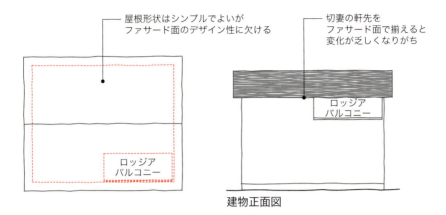

屋根 B

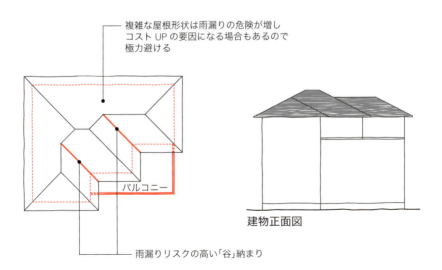

> 設計課長の診察室

シンプルで軒の出が長い屋根は安全で美しい

　屋根で最も一般的なものは切妻屋根、寄棟屋根です。その他、片流れ屋根、陸屋根、それらを複合した屋根などがあります。屋根に求められる機能は防水性能ですので、いくら外観がよくても雨漏りがするようではいけません。一般に、建物が総2階で軒の出が長い建物は雨漏りに対して強い設計といえます。すなわち壁や屋根に取り合い部分が少ないシンプルな建物がよいということですが、そればかりでは建物の外観はつまらないものが多くなります。

　屋根Aは切妻屋根の例です。建物を1枚の大屋根で覆う最もシンプルなもので、屋根からの雨漏りリスクが少ない設計です。外観もオーソドックスでよいのですが、ここでは少し間取りを変更して、**屋根を棟違い**にしてみましょう。**切妻の軒先に変化をつける**ことで、ファサードらしいデザインになりました。また、1階の外壁に凹凸がつくことで外壁を色分け、貼り分けする際も美しく納まります。切妻屋根を棟違いでかける場合は、ファサード面で軒先が揃わないようにして美しく見せましょう。

　屋根Bは寄棟屋根の例ですが、2階の建物形状が複雑になることで、屋根が雁行し、**雨漏りリスクが高い「谷」**が2ヶ所発生しています。複雑な屋根をかっこいいと思う方もおられるようですが、やむを得ない場合を除き極力単純な形に整えた方が、雨漏りリスクもコストも軽減します。**屋根Bの処方箋**では、バルコニーをロッジアバルコニーにして**屋根形状を単純化**して「谷」を1ヶ所に減らしました。

　間取りが完成してから屋根を考えたのでは、希望した屋根形状になりません。街並みの一部として屋根はとても大きな要素です。屋根のもつデザイン性と機能性を常に考えながら間取りづくりを行って下さい。

屋根 A の処方箋

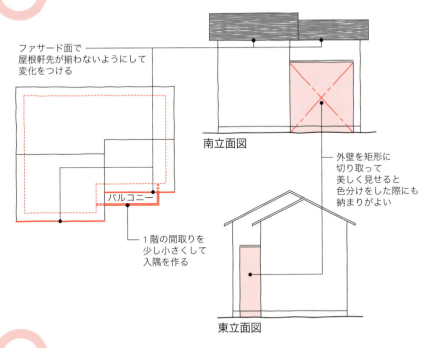

屋根 B の処方箋

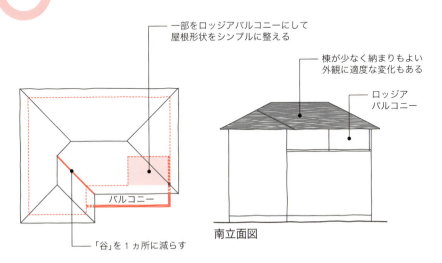

08 外観

CASE 2
下屋の止まりが中途半端でカッコ悪い

下屋がある家は外観がよくていいな。

総2階で四角い家も好きだけれど、下屋を付けると外観に風格が出るよね。

特に北側接道の場合はそうしたいね。南側接道だとバルコニーなどで比較的凹凸をつけやすいけど。

この外観はどう？ どちらも下屋が付いているよ。

外観Aも外観Bも建物の正面図ね。

確かに変化があっていいわ。でも何か違和感がある。

大屋根と下屋の屋根形状が違っているからだね。大屋根は切妻で下屋は寄棟…それと。

そうか。屋根の形は合わせた方がいいってことね。他に何かある？

よくわからないけれど、AもBももうひと工夫できないかな。どこか中途半端な印象をうけるんだけど。

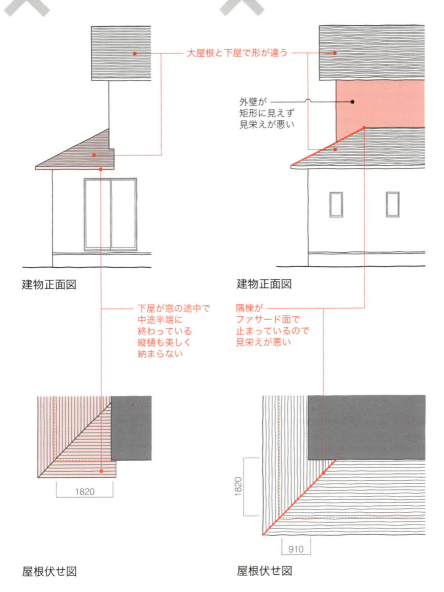

設計課長の診察室

大屋根形状、窓位置、隅棟と下屋の止まりを意識する

　フラットルーフや片流れなどの、スタイリッシュな屋根を架けた四角い総2階の家が多く建っています。コスト面を考えると総2階の家が効率的ですが、外観に物足りなさを感じる方もおられるでしょう。南側接道の場合は2階をセットバックさせて、その上部をバルコニーとして活用することで、外観の変化になりますが、北側接道の建物は総2階になることが多く、トイレ、洗面室など水回り空間の配置が多いことで、小さい窓が複数ある外観の見せ方に苦慮します。

　外観Aは西側接道の南立面です。道路から南面も見渡せる配置にあります。ここで問題となるのは大きな開口部と下屋の納まりです。小さな窓ではさほど感じませんが、大きな窓の途中で屋根が切れているのは違和感があります。開口部を移動するか、下屋の架かる範囲を伸ばすか、それができない場合は、外観Aの処方箋のように下屋のみを延長して開口部とのバランスを整えて下さい。庇の替わりになり、縦樋の納まりも良くなるメリットがあります。

　外観Bは北側接道の北立面です。北側接道の建物は、道路側に寄せて南側をあける配置が一般的ですが、道路幅員が狭く、道路斜線（1.25/1）の影響を受ける場合は、今回のように2階をセットバックしてかわす必要があります。このままでも十分に変化がある外観ですが、隅棟がファサード面で止まっているため、2階の外壁が美しい形（矩形）に切り取られず、建物の奥行が感じにくくなっています。**外観Bの処方箋**では北側と西側のセットバックの幅を入れ替えることで、隅棟の止まりを西側にしました。これにより北側からの見た目がすっきりとして、より奥行も感じさせる外観に変わりました。下屋を付けるだけで外観に変化が出ますが、それをより効果的にするためには、平面形状、窓の配置も関連して見直す必要があります。

○ 外観Aの処方箋 ──── ○ 外観Bの処方箋 ────

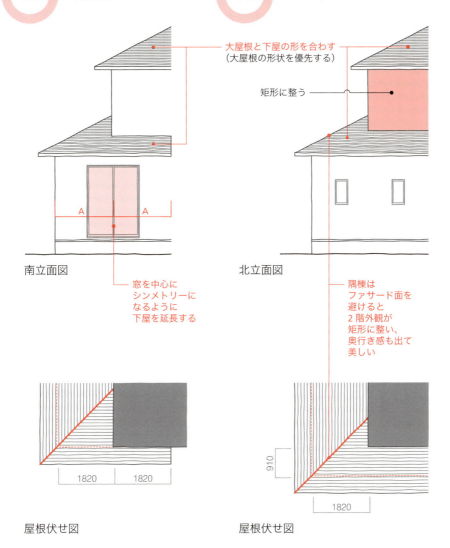

大屋根と下屋の形を合わす
（大屋根の形状を優先する）

矩形に整う

南立面図

北立面図

窓を中心に
シンメトリーに
なるように
下屋を延長する

隅棟は
ファサード面を
避けると
2階外観が
矩形に整い、
奥行き感も出て
美しい

屋根伏せ図

屋根伏せ図

08　外観

CASE 3
ひと工夫欲しい南接道の外観

外観A。特に何ということもない普通の外観。

そうね。2階のバルコニー下が玄関の庇になっているので、庇を付けなくても大丈夫。

外観Bも同じかしら。バルコニー幅が広いので洗濯物がたくさん干せそう。

どちらの外観も窓位置が揃っていて悪くはないけれど、もう少し工夫が欲しいわ。

外観のアクセントに外壁の色を塗り分けている家が多いけど、そうするとか？

同じ面での塗り分けは、カッコ悪いって聞いたわ。

それと玄関とリビングの窓が同じ面に並んでいるのはどう思う？

離れているから気にならないけど、玄関はもう少し陰影深く、特別な空間にしたいわ。

外観を整えるって難しいけど、よいアイデアないかしら？

外観 A

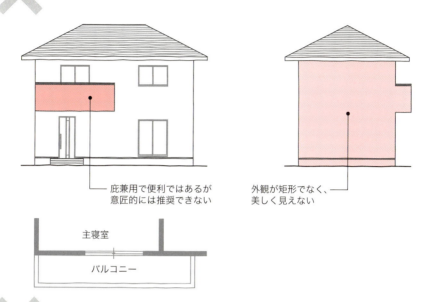

08 外観

外観 B

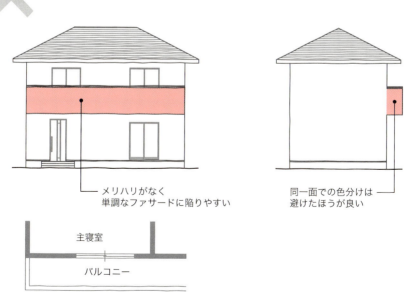

設計課長の診察室

外壁を塗り分ける場合は、入隅を設計するといい

　南側接道の外観は、北側接道の場合に比べて、バルコニーが付いて大きな窓が並ぶことで比較的まとまりやすいのですが、その反面、単調になりやすいので注意が必要です。バルコニーの配置や納め方ひとつで、大きく印象が変わる場合もあります。

　外観Aと**外観B**を見ると、それぞれ窓位置が左右対称で、上下階の位置も整理されるなど配慮がなされています。当たり前ですが外観を整えるうえで、窓（種類、位置）の整理は大変重要な要素です。アクセントとして外壁を色分けする希望がある場合は、同一面での塗り分けは避けるようにしましょう。上下階での色分けは別として、部分的に色やテクスチャーを変える場合は入隅で変えることが鉄則です。

　外観Aの処方箋では、バルコニーの納まる外壁を少し伸ばしました。これで色分けする場合も入隅ができるので美しくできるでしょう。デメリットとしては屋根の軒の出が左右対称に見えないことですが、常に建物正面から家を見るわけではないので、さほど気にならないと考えます。次に玄関軒先空間の独立性を増すために、バルコニーの端部から袖壁を建てました。これでバルコニーの納まりもよくなり、玄関に陰影深い印象を与えることもできます。袖壁をタイル貼りなど印象的なものにすると、それだけで外観のアクセントとなります。

　外観Bの処方箋は、バルコニーを色分けしやすいように、単純に建物端部からバルコニーを離して設置しました。玄関横にリビングとの隔てとなる壁を建てるのも、**外観Aの処方箋**と同様の意図があります。

　常に、間取りと外観、エクステリアまでもを意識しながら、それらの適正化を図ることが設計者に求められています。

外観 A の処方箋

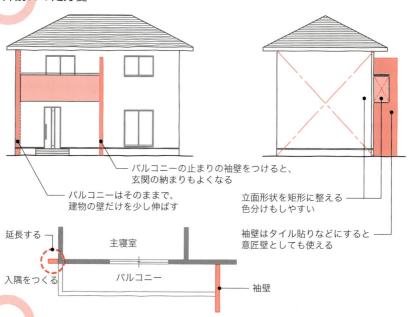

外観 B の処方箋

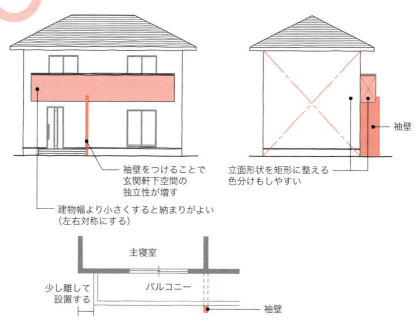

CASE 4
エアコン配管が目立つファサード

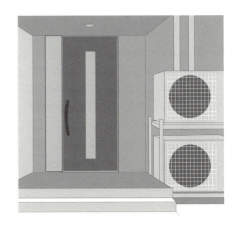

 2階の南側に3室並べて配置する「南面3室」。

 へぇ〜そんな呼び方があるんだ。

 窓が大きく取れるし、道路面だから見晴らしも日当たりもいいはず。外観もまとまりやすいよ。

 間取りAは使いやすいかな？ 主寝室にはクローゼットがあるし、広いベランダもあるから問題はなさそうね。

 欲を言えば、ウォークインクローゼットが欲しいけど、クローゼットの幅が広いから大丈夫。

 「南面3室」の場合の注意点ってあるのかしら？

 そうね、例えば真ん中の部屋は窓が一方向（南側）にしか付けられないから換気がしづらい。

ということは、エアコンも南側にしか配管できない？

 本当だ。玄関にエアコンの配管や室外機があるなんて台無しだよね。どうしたらいいのだろう？

✕ 間取り A

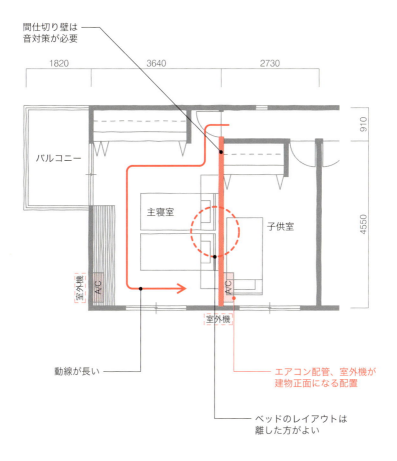

08 外観

> 設計課長の診察室

ファサードの立面図に落とし込んで確認する

　南面3室は、間口が広い家の基本となる間取りの考え方の一つですが、会話にも出ているように、挟まれた部屋の換気効率が悪い、主寝室と子供室が壁1枚でつながり、音が伝わりやすいなど注意すべき点もあります。

　通常は、主寝室の南側にバルコニーを配置することが多いのですが、**間取りAでは西側にバルコニーを配置**しています。屋根の形がシンプルに納まるなどよい部分もあるのですが、子供室のエアコン室外機の設置場所に困ります。この間取りでは子供室の下が玄関となるので、このままでは玄関横に室外機や配管が見えてくるなど見栄えが悪すぎます。配管を壁内に隠ぺいするという策もありますが、ここでは間取りの工夫で改善してみましょう。その他にも、主寝室と子供室のベッドのレイアウトが近すぎる、主寝室奥側のベッドまで出入口から遠いなど課題があります。ウォークインクローゼットが欲しいとの要望が出る可能性も高いですね。

　処方箋では、**南側にバルコニーを配置**することで子供室の室外機置き場ができました。配管も目立ちにくいのですが、就寝中に室外機の音が気に障るという方には注意が必要です。ロッジアバルコニーにすると屋根形状も整いやすく、急な雨降りでも洗濯物が濡れない等の利点が考えられます。原案に比べて間口が広いので、物干しもしやすくなるでしょう。次に、バルコニーがあった場所を**ウォークインクローゼット**にして、主寝室のベッドを移動させました。子供室のベッドも移動しましたが、間仕切り壁はお互いのプライバシーのために遮音性能がある壁にしておきましょう。

　せっかく外観にこだわって計画しても、エアコンの他、換気扇のフードや縦樋の配置によって台無しになる場合があります。それらを立面図に落とし込んで確認することが必要です。角地の場合は特に慎重に計画しましょう。

間取り A の処方箋

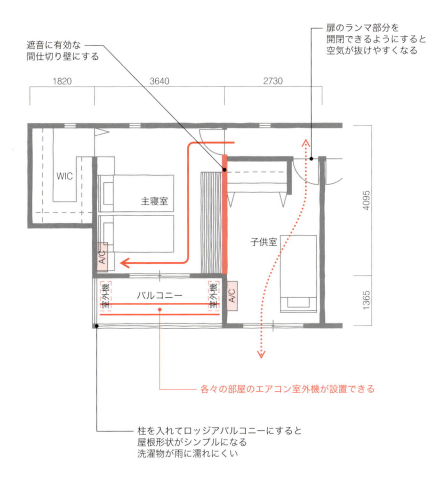

08 外観

チラシの間取り 10 ポイントチェック ⑧

タイトル
「収納充実で工夫いっぱいの家」

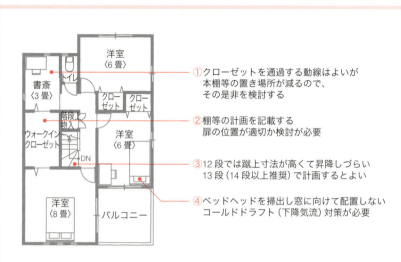

① クローゼットを通過する動線はよいが本棚等の置き場所が減るので、その是非を検討する

② 棚等の計画を記載する扉の位置が適切か検討が必要

③ 12段では蹴上寸法が高くて昇降しづらい 13段(14段以上推奨)で計画するとよい

④ ベッドヘッドを掃出し窓に向けて配置しない コールドドラフト(下降気流)対策が必要

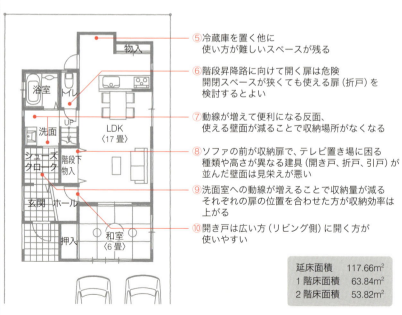

⑤ 冷蔵庫を置く他に使い方が難しいスペースが残る

⑥ 階段昇降路に向けて開く扉は危険 開閉スペースが狭くても使える扉(折戸)を検討するとよい

⑦ 動線が増えて便利になる反面、使える壁面が減ることで収納場所がなくなる

⑧ ソファの前が収納扉で、テレビ置き場に困る 種類や高さが異なる建具(開き戸、折戸、引戸)が並んだ壁面は見栄えが悪い

⑨ 洗面室への動線が増えることで収納量が減る それぞれの扉の位置を合わせた方が収納効率は上がる

⑩ 開き戸は広い方(リビング側)に開く方が使いやすい

延床面積	117.66m²
1階床面積	63.84m²
2階床面積	53.82m²

おわりに

　週末に向けて数多く入る、チラシに掲載されている間取りを見たとき、「なぜこんなに玄関から見えるトイレが多いのだろう？」と感じたのが本書を執筆する出発点でした。

　土地が狭小地で仕方なかったり、優先順位が低かったり、お客様の意向が強くて玄関にトイレが配置されることになったとしても、トイレの扉くらいは玄関から見えないように配慮すべきなのに、どうしてだろうか？

　モデルハウスや分譲地の参考プランなど、お客さんの意向がなく、それなりに広い土地もあり、自由に設計できる環境にあるにもかかわらず散見される、玄関正面にあるトイレ扉、収納のない洗面室、和室とダイニングに挟まれた暗くて落ち着かないリビングなど、残念な部分が含まれる提案例。キッチンや浴室など水回りの仕様装備、クロスの色柄などは比較的たやすくリフォームできても、間仕切り壁等の変更を伴うリフォームは難しいから、当初の間取りや建物の配置計画はとても重要なのに、どうしてこんな間取りをしかもモデルプランとして掲載するのだろうか？

　その根本的な原因は設計者（≠建築士）のスキルにあるのでしょうが、住宅販売会社によれば、間取りは物件担当者と施主によって大概決定され、建築士は許認可等の申請業務とそれに付随する法規や構造のチェックだけを担当者から依頼される場合があり、間取りの良し悪しにまでは議論が及ばないと聞いたことがあります。どうやらそうした住宅業界の構造にも多くの課題がありそうです。いったい誰が、どの段階で設計（間取り）品質を担保しているのか、不安が募ります。

　本書の企画はそんな残念な間取りのポイントを数多く取り上げ、ダメなところを書き出すだけのイメージから進めましたが、議論を重ねる中で、改善案を示す、しかも、間取りを根本的に変えるのではなく「残念な部分のみを切り取って改善して戻す」という難度の高い企画になりました。執筆にはかなり苦心しましたが、結果として新築住宅のみならず、部分的なリフォーム

を計画中の皆様にとってもお役立ていただける一冊になったと自負しております。

最後に、一般社団法人日本建築協会ならびに同出版委員会の方々に対して深く謝意を表します。株式会社学芸出版社編集部の岩崎健一郎氏には企画から編集、そして出版に至るまで大変お世話になりました。また、執筆に際し協力してくださった間取り女子、ユキコ、サワコの両名、その他すべての方に厚く御礼申し上げます。

堀野和人

● 著者紹介

堀野和人（ほりの かずと）
一級建築士事務所スマイリズム. 代表。ゼネコン、ハウスメーカー設計室勤務を経て現職。一級建築士、一級建築施工管理技士。著書に『図解住まいの寸法』（学芸出版社）。

小山幸子（こやま さちこ）
イラストレーター、一級建築士。建築関係の実務に携わる傍ら、住まいに関するイラストを多く手がける。

図解　間取りの処方箋
暮らしから考える住宅設計・改修のポイント

2019 年 4 月 25 日　　第 1 版第 1 刷発行

著　者 ……… 堀野和人・小山幸子
企　画 ……… 一般社団法人 日本建築協会
　　　　　　　〒540-6591　大阪市中央区大手前 1-7-31-7F-B
発行者 ……… 前田裕資
発行所 ……… 株式会社 学芸出版社
　　　　　　　〒600-8216　京都市下京区木津屋橋通西洞院東入
　　　　　　　電話 075-343-0811
　　　　　　　http://www.gakugei-pub.jp/
　　　　　　　E-mail info@gakugei-pub.jp
装　丁 ……… よろずデザイン　中川未子
印　刷 ……… 創栄図書印刷
製　本 ……… 新生製本

© Kazuto Horino, Sachiko Koyama 2019　　Printed in Japan
ISBN978-4-7615-2702-0

JCOPY〈出版者著作権管理機構委託出版物〉
本書の無断複写（電子化を含む）は著作権法上での例外を除き禁じられています。複写される場合は、そのつど事前に、出版者著作権管理機構（電話 03-5244-5088、FAX 03-5244-5089、e-mail: info@jcopy.or.jp）の許諾を得てください。
また本書を代行業者等の第三者に依頼してスキャンやデジタル化することは、たとえ個人や家庭内での利用でも著作権法違反です。

好評発売中

図解 住まいの寸法　暮らしから考える設計のポイント

堀野和人・黒田吏香 著／日本建築協会 企画
A5判・200頁・定価 本体2600円＋税

住宅の設計には、そこに住む人の暮らしをふまえた寸法への理解が欠かせない。本書では、玄関、階段、トイレ、洗面室など、住まいの13の空間の持つ機能と要素を整理し、そこで行われる生活行為に支障のない、理に適った寸法をわかりやすい2色刷イラストで紹介。寸法という数字の持つ意味を知ることで設計実務に活かせる一冊。

写真マンガでわかる 住宅メンテナンスのツボ

玉水新吾・都甲栄充 著／日本建築協会 企画
A5判・248頁・定価 本体2800円＋税

ストックの時代を迎え、長期間にわたり住宅メンテナンスを担える人材のニーズは高まる一方だ。本書は、敷地・基礎から、外壁・屋根・小屋裏・内装・床下・設備・外構に至るまで、住宅の部位別に写真マンガでチェックポイントと対処法、ユーザーへのアドバイスの仕方をやさしく解説。住宅診断・メンテナンス担当者必携の一冊。

図解 雨漏り事件簿　原因調査と対策のポイント

玉水新吾・唐鎌謙二 著／雨漏り110番技術班 監修／日本建築協会 企画
A5判・216頁・定価 本体2500円＋税

住宅トラブルの大半を占める雨漏りの原因調査と対策について、修理実績1万1千件以上・解決率97％超、日本最大のプロ集団である「雨漏り110番」が総力を挙げ、多数の生の事例をもとに実務に役立つポイントを解説。ヒアリングシートと多数の現場写真で原因と対策を丁寧に図解することで、ノウハウをぎっしり詰め込んだ一冊。

学芸出版社 | Gakugei Shuppansha

- 図書目録
- セミナー情報
- 電子書籍
- おすすめの1冊
- メルマガ申込
  （新刊＆イベント案内）
- Twitter
- Facebook

建築・まちづくり・
コミュニティデザインの
ポータルサイト

WEB GAKUGEI
www.gakugei-pub.jp/